Curso

La diferencia entre aprobar y sacar plaza

Técnico/a en Emergencias Sanitarias

SERVICIO MADRILEÑO DE SALUD

Si aún no dispones de tu **Curso MAD360**, te ofrecemos un acceso GRATIS de 30 días para que disfrutes de los siguientes recursos:

AF212359

- Técnicas de Memoria 360.
- MADTEST: Test *online* Nivel PRO.
- Temario en formato digital.
- Planificación de estudio.
- Foro entre opositores hasta la fecha del examen.*
- Recursos y novedades exclusivas.
- Consúltanos sobre tu oposición y proceso selectivo.
- Actualizaciones legislativas (Boletines Oficiales) hasta 60 días antes de la fecha del examen.*

Para acceder a esta prueba del Curso MAD360** será necesaria la compra de todos los libros para esta especialidad de la edición 2025.

Regístrate en **mad.es/iniciar-sesion** y en la pestaña MIS CURSOS valida los códigos que encuentras en la última página de tus libros.

NOTA IMPORTANTE:

* Examen de esta categoría profesional correspondiente a la convocatoria publicada en el BOCM n.º 181, de 31 de julio de 2025, o hasta el 31 de octubre de 2026, lo que se cumpla antes, y previa renovación del servicio.

** El acceso al CURSO MAD360 estará disponible desde octubre de 2025 (algunos recursos podrían estar disponibles en fecha posterior). Tendrá una duración de 30 días RENOVABLES mediante pago, desde la validación de códigos, o hasta el 30 de abril de 2027, lo que se cumpla antes.

MAD se reserva el derecho a ampliar dichas fechas.

Técnico en Emergencias Sanitarias del Servicio Madrileño de Salud

Técnico en Emergencias Sanitarias del Servicio Madrileño de Salud

Test del temario

Autores

LIDIA MARINA PONCE MARTÍNEZ
Licenciada en Psicología
Máster en Terapia Familiar y de Sistemas

ELENA GARCÍA FERNÁNDEZ
Licenciada en Derecho

FRANCISCO JESÚS TORRES FONSECA
Licenciado en Derecho

JUAN MANUEL GIL RAMOS
Licenciado en Medicina. Master en Salud Ambiental.
Médico Puericultor. Profesor de Procesos Diagnósticos
Clínicos y Productos Ortoprotésicos y Profesor de Procesos
Sanitarios y Asistenciales.

HERMINIA ANDRADES ROMERO
Diplomada en Fisioterapia. Técnico Superior en Imagen para
el Diagnóstico. Técnica Superior en Laboratorio de Análisis
Clínico. Prevencionista de Riesgos laborales (grado intermedio).
Auxiliar de Enfermería. Profesora de Procedimientos de
Diagnósticos Clínicos y Productos Ortoprotésicos y Profesora
de Procedimientos Sanitarios y Asistenciales

DOMINGO GÓMEZ MARTÍNEZ
Licenciado en Derecho
Técnico de Función Administrativa

JULIÁN SÁNCHEZ PEREA
Técnico en Emergencias Sanitarias en el Summa 112.
Coordinador de Equipos Técnicos y Logística. Anteriormente
docente ISEP CEU en el Grado Medio de Técnico en
Emergencias Sanitarias. Coautor de la tarjeta de triaje de
heridos en múltiples víctimas "Tassica"

JOSÉ ANTONIO SALAZAR SÁNCHEZ
Técnico en Emergencias Sanitarias en SUMMA112

DAVID FLÓREZ PRADO
Técnico en Emergencias Sanitarias en SUMMA112. Docente
de Certificados de Profesionalidad (SANT0108 Atención
sanitaria a múltiples víctimas y catástrofes y el SANT0208
Transporte sanitario). Preparador de oposiciones de Técnico
en Emergencias Sanitarias SUMMA112

JACOBO IBÁÑEZ NAVARRO
Técnico en Emergencias Sanitarias destinado en el equipo de
Psicólogos

© 7 Editores Recursos para la Cualificación Profesional y el Empleo, S.L. (7 Editores)
© Los autores
Primera edición, octubre 2025 (220 páginas)
Derechos de edición reservados a favor de 7 Editores
IMPRESO EN ESPAÑA
Diseño Portada: 7 Editores
Edita: 7 Editores
Avda. San Francisco Javier, 9 · Edificio Sevilla 2 · Planta 11 · Módulos 25-27 · 41018 Sevilla
Teléfono: 954 784 411 · WEB: www.mad.es · e-mail: administracion@7editores.com
ISBN: 979-13-702-8034-5
© "Editorial Mad" y "Eduforma" son nombres comerciales registrados de
7 Editores Recursos para la Cualificación Profesional y el Empleo, S.L.

Índice

TEST N.º 1

El derecho a la protección de la salud en la Constitución Española de 1978 y en la Ley 14/1986, de 25 de abril, General de Sanidad. Ley 41/2002, de 14 de noviembre, básica reguladora de la Autonomía del Paciente y de Derechos y Obligaciones en materia de Información y Documentación Clínica

1. La Ley General de Sanidad se aprobó en:

a) 1975.
b) 1986.
c) 1985.
d) 1976.

2. La Ley General de Sanidad tiene la condición de norma básica y es de aplicación en todo el territorio nacional, y las Comunidades Autónomas:

a) No pueden dictar otras normas de desarrollo o complementaria de esta Ley.
b) Pueden dictar otras normas, que regulen el derecho a la protección a la salud en su territorio con independencia de lo dispuesto en dicha Ley.
c) Podrán dictar normas de desarrollo y complementarias de dicha Ley en el ejercicio de las competencias que le atribuyen los correspondientes Estatutos de Autonomía.
d) Podrán dictar otras normas, que desarrollen el derecho a la protección de la salud y que también son de aplicación en todo el territorio nacional.

3. ¿En qué artículo de la Constitución de 1978 se reconoce el derecho a la salud de todos los ciudadanos?

a) Artículo 23.
b) Artículo 32.
c) Artículo 34.
d) Artículo 43.

4. La Ley 14/1986 de 25 de abril, General de Sanidad, establece en su Art. 1 del Título Preliminar, respecto a la protección de la salud y la atención sanitaria:

a) Son titulares del derecho a la protección de la salud, los ciudadanos españoles y extranjeros nacidos en España, que residan en territorio español.

b) Son titulares del derecho a la atención sanitaria, todos los españoles que tengan establecida su residencia dentro o fuera de España.

c) Tienen el derecho los extranjeros no residentes en España, así como los españoles fuera del territorio nacional, tendrán garantizado el derecho en la forma que las leyes y convenios internacionales establezcan.

d) El derecho a la protección de la salud y a la atención sanitaria se reconoce a todos los españoles y extranjeros.

5. El objeto de la Ley General de Sanidad es:

a) La reforma del sistema sanitario privado.

b) Las necesidades de mejora en los servicios prestados a los ciudadanos extranjeros.

c) La distribución de competencias entre el Estado y las Comunidades Autónomas y las Corporaciones Locales.

d) Hacer efectivo el derecho a la protección de la salud.

6. La reforma que encarna la Ley 14/1986 descansa sobre la directriz de:

a) La gratuidad de la sanidad.

b) La creación de un Sistema Nacional de Salud.

c) La participación ciudadana.

d) La coordinación de las Administraciones públicas.

7. La Ley de Autonomía del Paciente establece la obligatoriedad de obtener el consentimiento informado del paciente:

a) Solo en los casos de intervención quirúrgica.

b) Solo en los casos de aplicación de procedimientos que supongan grandes riesgos o inconvenientes de notoria repercusión negativa sobre su salud.

c) Para toda actuación en el ámbito de su salud.

d) La Ley no establece esta obligación.

8. Tal y como establece la Ley 41/2002, de Autonomía del Paciente, en caso de que el paciente no acepte el tratamiento se le propondrá que firme el alta voluntaria y si no la firma la Dirección del Centro:

a) Puede disponer el alta forzosa.

b) Firmará en su nombre el alta involuntaria.

c) Mantendrá el ingreso por periodo mínimo de cinco días naturales.

d) No está reconocida la negativa al tratamiento de los pacientes.

9. El derecho del paciente a no ser informado:

a) No está reconocido por la ley.
b) Podrá restringirse en cualquier momento.
c) Podrá restringirse cuando sea estrictamente necesario en beneficio del paciente.
d) Solo podrá ejercitarse si el paciente designa a un familiar o a otra persona a la que se le facilite la información.

10. El reconocimiento legal de que se respeten los deseos expresados anteriormente en el documento de *instrucciones previas* es una manifestación del derecho:

a) A la información sanitaria.
b) A la segunda opinión.
c) A la autonomía del paciente.
d) A la información post-mortem.

11. Indique la proposición incorrecta en relación con los requisitos del consentimiento:

a) Debe ser libre.
b) Debe ser voluntario.
c) La decisión de consentir debe anteceder a una información adecuada.
d) La persona que lo presta debe tener capacidad para conocer, comprender y querer el alcance de su decisión.

12. La Ley 41/2002, de Autonomía del paciente, establece que, como regla general, el consentimiento se manifestará en forma:

a) Verbal.
b) Escrita.
c) Documental.
d) Ante testigos.

13. Según establece la Ley 41/2002, de Autonomía del paciente, el paciente o usuario tiene derecho a decidir libremente entre las opciones clínicas disponibles después de recibir:

a) Información completa.
b) Información adecuada.
c) Información documental.
d) Información escrita.

14. La renuncia del paciente a recibir información:

a) No se reconoce por la ley.
b) Está limitada por el interés de la salud del propio paciente.

c) No está limitada por el interés de la salud de terceros.

d) Ninguna de las anteriores es correcta.

15. Según establece la Ley 41/2002, de Autonomía del paciente, ha de constar siempre por escrito:

a) La información al paciente.

b) El consentimiento informado.

c) La aceptación del tratamiento.

d) La negativa al tratamiento.

16. En la legislación sanitaria española, el consentimiento escrito del paciente:

a) Es una exigencia legal.

b) Es conveniente.

c) Es obligatorio en determinados supuestos.

d) No es necesario.

17. Según establece la Ley de Autonomía del Paciente el consentimiento se prestará por escrito en el caso de:

a) Realización de una actuación sanitaria en el paciente.

b) Aplicación en el paciente de un procedimiento no invasor.

c) Intervención quirúrgica.

d) Aplicación de procedimientos de imprevisible repercusión negativa sobre la salud del paciente.

18. Según determina la Ley 41/2002, el paciente tiene derecho a recibir un informe de alta:

a) Solo si ha existido ingreso hospitalario.

b) A la finalización del proceso asistencial.

c) En cuyo contenido mínimo habrán de figurar, entre otros, datos de información sanitaria epidemiológica.

d) Previa solicitud.

19. Existen supuestos legales en los que los facultativos pueden llevar a cabo las intervenciones clínicas indispensables en favor de la salud del paciente sin necesidad de contar con su consentimiento ni el de sus representantes o familiares. Señale uno de ellos:

a) Cuando el paciente esté incapacitado legalmente.

b) Cuando existe riesgo para la salud pública según determinen las autoridades sanitarias.

c) En caso de riesgo inmediato grave para la integridad física de otro paciente.

d) Cuando el paciente no sea capaz de tomar decisiones.

20. La Ley de Autonomía del paciente reconoce el derecho a que se respeten los deseos expresados anteriormente en el:

a) Testamento vital.

b) Documento de voluntades anticipadas.

c) Documento de instrucciones previas.

d) Documento de instrucciones preliminares.

En MADTEST tienes **más preguntas de este tema**, y todos tus avances quedan registrados y se reflejan en el ranking.

¡Supera tus límites con MADTEST!

Solución al test n.º 1

1. b) 1986.

2. c) Podrán dictar normas de desarrollo y complementarias de dicha Ley en el ejercicio de las competencias que le atribuyen los correspondientes Estatutos de Autonomía.

3. d) Artículo 43.

4. c) Tienen el derecho los extranjeros no residentes en España, así como los españoles fuera del territorio nacional, tendrán garantizado el derecho en la forma que las leyes y convenios internacionales establezcan.

5. d) Hacer efectivo el derecho a la protección de la salud.

6. b) La creación de un Sistema Nacional de Salud.

7. c) Para toda actuación en el ámbito de su salud.

8. a) Puede disponer el alta forzosa.

9. c) Podrá restringirse cuando sea estrictamente necesario en beneficio del paciente.

10. c) A la autonomía del paciente.

11. c) La decisión de consentir debe anteceder a una información adecuada.

12. a) Verbal.

13. b) Información adecuada.

14. b) Está limitada por el interés de la salud del propio paciente.

15. d) La negativa al tratamiento.

16. c) Es obligatorio en determinados supuestos.

17. c) Intervención quirúrgica.

18. b) A la finalización del proceso asistencial.

19. d) Cuando el paciente no sea capaz de tomar decisiones.

20. c) Documento de instrucciones previas.

TEST N.º 2

Ley 44/2003, de 21 de noviembre, de Ordenación de las Profesiones Sanitarias: objeto, ámbito de aplicación, ejercicio de las profesiones sanitarias, formación y desarrollo profesional. Ley 55/2003, de 16 de diciembre, del Estatuto Marco del personal estatutario de los servicios de salud: objeto y ámbito de aplicación, clasificación de personal estatutario, derechos y deberes, situaciones, selección, incompatibilidades, régimen disciplinario y modelo de desarrollo profesional

1. En la Ley de Ordenación de las Profesiones Sanitarias el higienista dental forma parte del Grupo de profesiones:

a) De nivel Licenciado.
b) De nivel Diplomado.
c) De grado medio.
d) Relacionadas con la salud dental.

2. En la Ley de Ordenación de las Profesiones Sanitarias no se regula la formación:

a) Complementaria.
b) Continuada.
c) Pregraduada.
d) Especializada.

3. La Ley de Ordenación de las Profesiones Sanitarias considera profesiones sanitarias aquellas que la normativa universitaria reconoce como titulaciones del ámbito de la salud y:

a) Que, además, ya se regularon específicamente en la Ley de Bases de la Sanidad Nacional de 25 de noviembre de 1944.
b) Que gozan de una organización colegial reconocida por los poderes públicos.
c) Las que se acreditan mediante un título de formación profesional de la familia profesional Sanidad.
d) Todas las respuestas anteriores son correctas.

4. En la Ley de Ordenación de las Profesiones Sanitarias, Técnico Superior en Salud Ambiental es una profesión sanitaria:

a) De nivel Licenciado.
b) De nivel Diplomado.
c) De grado medio.
d) De formación profesional.

5. La prevención y lucha contra la zoonosis es una función específicamente atribuida a los:

a) Médicos.
b) Veterinarios.
c) Enfermeros.
d) Dietistas-Nutricionistas.

6. Para ejercer una profesión sanitaria será requisito imprescindible:

a) Haber realizado un máster.
b) Tener suscrito y vigente un seguro de responsabilidad, un aval u otra garantía financiera.
c) La certificación acreditativa del Ministerio de Educación y Cultura.
d) La autorización de la correspondiente Administración Sanitaria.

7. Pertenece al Grupo de grado medio de profesiones sanitarias de formación profesional el título de Técnico de:

a) Farmacia.
b) Dietética.
c) Radioterapia.
d) Ortoprótesis.

8. La indicación y realización de las actividades dirigidas a la promoción y mantenimiento de la salud, a la prevención de las enfermedades y al diagnóstico, tratamiento, terapéutica y rehabilitación de los pacientes, así como al enjuiciamiento y pronóstico de los procesos objeto de atención es una función:

a) General de las profesiones sanitarias.
b) General de los licenciados sanitarios.
c) Específica de los médicos.
d) Específica de los dentistas.

9. Es función general de los diplomados sanitarios:

a) La prestación personal directa que sea necesaria en las diferentes fases del proceso de atención integral de salud y, en su caso, la dirección y evaluación del desarrollo global de dicho proceso.
b) La prestación personal de los cuidados o los servicios propios de su competencia profesional en las distintas fases del proceso de atención de salud.

c) La dirección, evaluación y prestación de los cuidados de enfermería orientados a la promoción, mantenimiento y recuperación de la salud, así como a la prevención de enfermedades y discapacidades.

d) La prestación de los cuidados propios de su disciplina, a través de tratamientos con medios y agentes físicos, dirigidos a la recuperación y rehabilitación de personas con disfunciones o discapacidades somáticas, así como a la prevención de las mismas.

10. Según dispone la Ley de Ordenación de las Profesiones Sanitarias, los centros sanitarios han de revisar que los profesionales sanitarios de su plantilla cumplen los requisitos necesarios para ejercer la profesión conforme a la ley:

a) Cada tres años como mínimo.
b) Cada cinco años.
c) Solo en el proceso selectivo de acceso.
d) Con la periodicidad que determine el Ministerio de Sanidad y Consumo o el órgano competente en materia de Sanidad de cada comunidad autónoma.

11. La Ley 55/2003 del Estatuto Marco de Personal Estatutario de los Servicios de Salud es aplicable:

a) Al personal estatutario de los servicios de salud.
b) Al personal sanitario excluyendo al personal de gestión y servicios.
c) Al personal funcionario de las Comunidades Autónomas.
d) Al personal funcionario del Estado.

12. El personal estatutario con nombramiento expedido para el ejercicio de una profesión o especialidad sanitaria se denomina:

a) Personal sanitario.
b) Otro personal.
c) Personal de mantenimiento.
d) Personal de gestión y servicios.

13. El personal estatutario con nombramiento expedido para el desempeño de funciones de gestión o para el desempeño de profesiones u oficios que no tengan carácter sanitario se denomina:

a) Personal universitario.
b) Personal de gestión y servicios.
c) Personal directivo.
d) Personal administrativo.

14. Conforme a lo dispuesto en el artículo 2.2 de la Ley 55/2003, de 16 de diciembre, del Estatuto Marco del personal estatutario de los servicios de salud, en lo no previsto en la misma serán aplicables al personal estatutario:

a) Las disposiciones y principios generales sobre función pública de la Administración correspondiente.

b) Las disposiciones de derecho laboral, dictadas al amparo del artículo 149.1.7° de la Constitución.

c) Las disposiciones sobre función pública de la Administración del Estado, en todo caso, conforme a lo dispuesto en el artículo 149.3 de la Constitución.

d) El convenio colectivo del personal laboral al servicio de la Administración correspondiente.

15. Conforme al artículo 6.2 de la Ley 55/2003, de 16 de diciembre, del Estatuto Marco del personal estatutario de los servicios de salud, atendiendo al nivel académico del título exigido para el ingreso, el personal estatutario sanitario de formación profesional se divide en:

a) Técnicos sanitarios y Auxiliares de Enfermería.

b) Técnicos superiores y Técnicos.

c) Técnicos superiores y Técnicos de gestión.

d) Técnicos especialistas y Técnicos.

16. No constituye un derecho individual del personal estatutario:

a) La estabilidad en el empleo.

b) La movilidad voluntaria.

c) El descanso necesario.

d) La negociación colectiva.

17. El régimen de derechos del personal estatutario será aplicable al personal temporal:

a) En la medida en que la naturaleza del derecho lo permita.

b) En todo caso.

c) En ningún caso.

d) Solo cuando así se establezca en su nombramiento.

18. En relación con los derechos y deberes regulados en el Estatuto Marco, no se considera un derecho colectivo:

a) La huelga.

b) La actividad sindical.

c) La reunión.

d) La estabilidad en el empleo.

19. Entre los siguientes derechos que le reconoce el Estatuto Marco al personal estatutario, ¿cuál de ellos no tiene el carácter de derecho individual?

a) La estabilidad en el empleo.

b) El respeto a la dignidad e intimidad personal en el trabajo.

c) La formación continuada adecuada a la función desempeñada.

d) Disponer de servicios de prevención y de órganos representativos en materia de seguridad laboral.

20. El personal estatutario de los servicios de salud tiene el deber de:

a) Participar en la elaboración de los convenios colectivos.

b) Realizar sus funciones fuera del horario y jornada habitual.

c) Realizar actividades sindicales.

d) Respetar la Constitución, el Estatuto de Autonomía correspondiente y el resto del ordenamiento jurídico.

En MADTEST tienes **más preguntas de este tema**, y todos tus avances quedan registrados y se reflejan en el ranking.

¡Supera tus límites con MADTEST!

Solución al test n.º 2

1. d) Relacionadas con la salud dental.

2. a) Complementaria.

3. b) Que gozan de una organización colegial reconocida por los poderes públicos.

4. d) De formación profesional.

5. b) Veterinarios.

6. b) Tener suscrito y vigente un seguro de responsabilidad, un aval u otra garantía financiera.

7. a) Farmacia.

8. c) Específica de los médicos.

9. b) La prestación personal de los cuidados o los servicios propios de su competencia profesional en las distintas fases del proceso de atención de salud.

10. a) Cada tres años como mínimo.

11. a) Al personal estatutario de los servicios de salud.

12. a) Personal sanitario.

13. b) Personal de gestión y servicios.

14. a) Las disposiciones y principios generales sobre función pública de la Administración correspondiente.

15. b) Técnicos superiores y Técnicos.

16. d) La negociación colectiva.

17. a) En la medida en que la naturaleza del derecho lo permita.

18. d) La estabilidad en el empleo.

19. d) Disponer de servicios de prevención y de órganos representativos en materia de seguridad laboral.

20. d) Respetar la Constitución, el Estatuto de Autonomía correspondiente y el resto del ordenamiento jurídico.

TEST N.º 3

Estructura Sanitaria de la Comunidad de Madrid. Ley 12/2001, de 21 de diciembre, de Ordenación Sanitaria de la Comunidad de Madrid (LOSCAM): Las áreas sanitarias. Red Sanitaria Única de Utilización Pública. Derechos y deberes de los ciudadanos. El Servicio Madrileño de Salud. La Ley 6/2009 de 16 de noviembre, de Libertad de Elección en la Sanidad de la Comunidad de Madrid. La Ley 11/2017, de 22 de diciembre, de Buen Gobierno y Profesionalización de la Gestión de los Centros y Organizaciones Sanitarias del Servicio Madrileño de Salud

1. No es un órgano de asesoramiento y participación:

a) La Junta Técnico Asistencial.
b) Las Comisiones Técnicas Consultivas.
c) Las Comisiones de Dirección.
d) Los Consejos Territoriales de Salud.

2. ¿A quién le corresponde examinar y evaluar la actividad asistencial y su vinculación con la ejecución presupuestaria de la organización?

a) A la Comisión de Dirección.
b) A la Junta Técnico Asistencial.
c) A los Consejos Territoriales de Salud.
d) A la Junta de Gobierno.

3. La Junta de Gobierno se reunirá con carácter ordinario:

a) Al menos una vez al trimestre.
b) Al menos dos veces al mes.
c) Mensualmente.
d) Cada quince días.

4. Elaborar y elevar a la Junta de Gobierno para su aprobación y posterior remisión a la Dirección General del Servicio Madrileño de Salud, la memoria anual es competencia de:

a) La Junta Técnico Asistencial.
b) La Comisión de Dirección.
c) El personal directivo dependiente de la Dirección Gerencia o Dirección Territorial de Atención Primaria.
d) La Dirección Gerencia y la Dirección Territorial de Atención Primaria.

5. El mandato de los miembros de la Junta de Gobierno propuestos conforme al artículo 5.4.b) de la Ley 11/2017, será de:

a) Cinco años.
b) Cuatro años.
c) Tres años.
d) Carácter vitalicio.

6. Las organizaciones del Servicio Madrileño de Salud contarán con personal directivo:

a) Su número y denominación dependerá de la naturaleza de la organización, de su tamaño y características específicas.
b) Por Ley se determinará la estructura marco para los diferentes tipos de organizaciones del Servicio Madrileño de Salud.
c) El Director General del SERMA propondrá la designación del personal directivo.
d) Todas son correctas.

7. Señala la respuesta correcta en relación a la composición de la Junta de Gobierno, que se establece como máximo:

a) Un Presidente, dos Vicepresidentes y 10 Vocales.
b) Un Presidente, un Vicepresidente y 11 Vocales.
c) Un Presidente, un Secretario y 7 Vocales.
d) Un Presidente, un Secretario y 10 Vocales.

8. ¿Cuántos Vocales de la Junta de Gobierno son propuestos por el Servicio Madrileño de Salud?

a) Ninguno.
b) Dos.
c) Cuatro.
d) Seis.

9. Entre los órganos de dirección de las organizaciones del Servicio Madrileño de Salud no se encuentra:

a) El Director Gerente.
b) El Director Territorial.
c) La Dirección Gerencia del SUMA 112.
d) Los Consejos Territoriales de Salud.

10. ¿A quién le corresponde promover la participación comunitaria en el ámbito de actuación de la Dirección Territorial de Atención Primaria?

a) Al Pleno de los Consejos Territoriales de Salud.
b) A las Comisiones Técnicas Consultivas.
c) A la Junta Técnico Asistencial.
d) Ninguna es correcta.

11. En las Direcciones Territoriales de Atención Primaria, no es una Comisión Técnica Consultiva:

a) La Comisión de Calidad y Seguridad del Paciente.
b) La Comisión de Salud Mental.
c) La Comisión de Formación e Investigación.
d) La Comisión de Evaluación de Tecnología.

12. En relación a la Comisión de Dirección es cierto que:

a) Estará presidida por el Consejero de Sanidad.
b) Le corresponde realizar el control del gasto ajustado a la actividad establecida en el contrato programa.
c) Asume la coordinación de los diferentes niveles asistenciales así como de los diversos dispositivos socio-sanitarios.
d) Ejerce el control de la ejecución y consecución de objetivos.

13. ¿A qué órgano le corresponde, aprobar con periodicidad anual el inventario y la Memoria expresiva de las actividades asistenciales, docentes e investigadoras y de la gestión económica de la organización?

a) A la Junta de Gobierno.
b) Al Director Gerente.
c) A la Comisión de Dirección.
d) A la Junta Técnico Asistencial.

14. ¿Quién preside la Junta Técnica Asistencial en los centros hospitalarios?

a) El Director Territorial.
b) El Director Gerente.

c) El Director médico.
d) Ninguna es correcta.

15. Señala la respuesta correcta sobre los Consejos Territoriales de Salud:

a) Funcionarán en Pleno y en Comisión de Coordinación.
b) Su composición se fijará por Ley.
c) Formará parte del mismo el director territorial de atención especializada.
d) Su Presidente, será el alcalde del municipio donde se ubique el hospital o Dirección Territorial de Atención Primaria.

16. La Comisión de Tejidos y Tumores es una Comisión Técnica Consultiva:

a) En los hospitales del Servicio Madrileño de Salud.
b) Es una Comisión creada si la actividad desarrollada y las características del centro hospitalario lo aconsejan.
c) Es una Comisión en las Direcciones Territoriales de Atención Primaria.
d) Ninguna es correcta.

17. Respecto a los informes, dictámenes y recomendaciones de la Junta Técnica Asistencial es cierto que:

a) Son vinculantes.
b) Las actuaciones en las que no se atienda su criterio requerirán notificación.
c) Las actuaciones en las que no se atienda su criterio requerirán motivación suficiente y adecuada.
d) Todas son correctas.

18. El SUMA 112 es:

a) Un órgano directivo unipersonal.
b) Un órgano de Dirección unipersonal.
c) Un órgano de asesoramiento y participación.
d) Ninguna es correcta.

19. Tener acceso regular al cuadro de mando de la organización sobre toda la actividad asistencial de la misma incluyendo tiempos de demora en los diversos servicios es competencia de:

a) La Comisión de Dirección.
b) La Junta Técnica Asistencial.
c) Los Consejos Territoriales de Salud.
d) La Junta de Gobierno.

20. ¿A quién debe elevar los informes que considere necesario la Junta Técnico Asistencial?

a) A ningún órgano.
b) A la Dirección Gerencia de los centros hospitalarios.
c) A la Dirección Territorial de Atención Primaria.
d) A la Junta de Gobierno y a la Comisión de Dirección.

Solución al test n.º 3

1. c) Las Comisiones de Dirección.

2. d) A la Junta de Gobierno.

3. a) Al menos una vez al trimestre.

4. d) La Dirección Gerencia y la Dirección Territorial de Atención Primaria.

5. a) Cinco años.

6. a) Su número y denominación dependerá de la naturaleza de la organización, de su tamaño y características específicas..

7. b) Un Presidente, un Vicepresidente y 11 Vocales.

8. d) Seis.

9. d) Los Consejos Territoriales de Salud.

10. a) Al Pleno de los Consejos Territoriales de Salud.

11. d) La Comisión de Evaluación de Tecnología.

12. b) Le corresponde realizar el control del gasto ajustado a la actividad establecida en el contrato programa.

13. a) A la Junta de Gobierno.

14. c) El Director médico.

15. a) Funcionarán en Pleno y en Comisión de Coordinación.

16. b) Es una Comisión creada si la actividad desarrollada y las características del centro hospitalario lo aconsejan.

17. c) Las actuaciones en las que no se atienda su criterio requerirán motivación suficiente y adecuada.

18. b) Un órgano de Dirección unipersonal.

19. b) La Junta Técnica Asistencial.

20. d) A la Junta de Gobierno y a la Comisión de Dirección.

TEST N.º 4

La Ley Orgánica 1/2004, de Medidas de Protección Integral contra la Violencia de Género: principios rectores, medidas de sensibilización, prevención y detección en el ámbito sanitario; derechos de las funcionarias públicas. Ley Orgánica 3/2007, para la igualdad efectiva de mujeres y hombres: objeto y ámbito de la ley; integración del principio de igualdad en la política de salud; modificaciones de la Ley General de Sanidad

1. La aplicación de la Ley Orgánica 1/2004, de 28 de diciembre:

a) No supone la existencia necesariamente de convivencia entre la víctima y el agresor.

b) Supone que en algún momento anterior haya existido convivencia entre la víctima y el agresor.

c) Supone la convivencia, al menos en el momento del hecho, entre la víctima y el agresor.

d) Supone siempre la inexistencia de convivencia entre la víctima y el agresor.

2. Las medidas de protección integral de la Ley Orgánica 1/2004, de 28 de diciembre:

a) No tienen finalidad sancionadora.

b) Su finalidad es esencialmente reparadora.

c) Tienen finalidad previsora y sancionadora.

d) Tienen finalidad prioritariamente sancionadora.

3. La violencia de género a que se refiere la Ley Orgánica 1/2004, de 28 de diciembre:

a) Comprende excepcionalmente la violencia psicológica

b) Comprende la violencia psicológica siempre que vaya unida a la violencia física.

c) Excluye la violencia psicológica.

d) Incluye la violencia psicológica por sí.

4. La violencia de género a que se refiere la Ley Orgánica 1/2004, de 28 de diciembre:

a) Incluye las amenazas y las coacciones.
b) Incluye las amenazas y las coacciones solo cuando vayan acompañadas o seguidas de privación de libertad.
c) Incluye las amenazas, pero no las coacciones salvo que vayan seguidas de hechos violentos.
d) Incluye las coacciones pero no las amenazas salvo que vayan seguidas de hechos violentos.

5. La Ley Orgánica 1/2004, de 28 de diciembre tiene como objetivo establecer un sistema integral de tutela institucional:

a) Por parte de la Administración Estatal y de las Administraciones de las Comunidades Autónomas que tengan competencia sobre la materia, así como de las Entidades Locales.
b) Por parte de las Cortes y de las Asambleas Legislativas de las Comunidades Autónomas.
c) Por parte de la Administración General del Estado.
d) Por parte de la Administración Estatal y de las Administraciones de las Comunidades Autónomas.

6. La LO 1/2004 tiene por objeto:

a) Actuar contra la violencia que, como manifestación de la discriminación, la situación de desigualdad y las relaciones de poder de los hombres sobre las mujeres, se ejerce sobre éstas por parte de quienes sean o hayan sido sus cónyuges o de quienes estén o hayan estado ligados a ellas por relaciones similares de afectividad, aun sin convivencia.
b) Actuar contra la violencia que, como manifestación de la discriminación, la situación de desigualdad y las relaciones de poder de los hombres sobre las mujeres, se ejerce sobre éstas por parte de quienes sean o hayan sido sus cónyuges o de quienes estén o hayan estado ligados a ellas por relaciones similares de afectividad, siempre que exista convivencia.
c) Actuar contra la violencia que, como manifestación de la discriminación, la situación de desigualdad y las relaciones de poder de los hombres sobre las mujeres, se ejerce sobre éstas por parte de quienes sean sus cónyuges o de quienes estén ligados a ellas por relaciones similares de afectividad, siempre que exista convivencia.
d) Actuar contra la violencia que, como manifestación de la discriminación, la situación de desigualdad y las relaciones de poder de los hombres sobre las mujeres, se ejerce sobre éstas por parte de quienes sean sus cónyuges o de quienes estén ligados a ellas por relaciones similares de afectividad, aun sin convivencia.

7. Conforme al artículo 2 de la LO 1/2004, un principio rector de esta ley es consagrar los derechos de las mujeres víctimas de violencia de género exigibles ante las Administraciones Públicas, y así asegurar un acceso a los servicios establecidos al efecto, rápido, transparente y:

a) Eficaz.
b) Duradero.
c) Seguro.
d) Económico.

8. Según el artículo 2 de la LO 1/2004, uno de los fines a alcanzar a través del conjunto integral de medidas articulado en esta ley es, garantizar derechos económicos para las mujeres víctimas de violencia de género:

a) Así como establecer un sistema para la más eficaz coordinación de los servicios ya existentes a nivel municipal y autonómico.
b) Para asegurar la prevención de los hechos de violencia de género.
c) Con el fin de facilitar su integración social.
d) Promoviendo la colaboración y participación de las entidades, asociaciones y organizaciones que desde la sociedad civil actúan contra la violencia de género.

9. Conforme al artículo 3 de la LO 1/2004, el Plan Nacional de Sensibilización y Prevención de la Violencia de Género debe dirigirse tanto a hombres como a mujeres desde un trabajo comunitario y:

a) Multidisciplinar.
b) Integral.
c) Complementario.
d) Intercultural.

10. Conforme al artículo 3 de la LO 1/2004, con el fin de prevenir la violencia de género, en el marco de sus competencias, los poderes públicos deben impulsar:

a) Cursos de información y sensibilización.
b) Campañas de información y sensibilización.
c) Programas de información y sensibilización.
d) Jornadas de información y sensibilización.

11. La Comisión contra la Violencia de Género del Consejo Interterritorial del Sistema Nacional de Salud estará compuesta por representantes:

a) De todos los Parlamentos autonómicos.
b) De las asociaciones y organizaciones no gubernamentales cuyo fin sea la prevención y erradicación de la violencia de género.
c) De todas las Comunidades Autónomas con competencia en la materia.
d) De todos los partidos políticos con representación parlamentaria.

12. Las ausencias o faltas de puntualidad al trabajo motivadas por la situación física o psicológica derivada de la violencia de género se considerarán:

a) Justificadas, cuando así lo determinen las autoridades judiciales.
b) Justificadas en todo caso.
c) Justificadas, cuando así lo determinen los servicios sociales de atención o servicios de salud, según proceda.
d) Faltas leves.

13. Señale la respuesta incorrecta. Según la Ley Orgánica 1/2004, de 28 de diciembre, de medidas de protección integral contra la violencia de género, las funcionarias víctimas de violencia de género tendrán derecho a:

a) La movilidad geográfica de centro de trabajo.
b) La excedencia por este motivo.
c) Acceder a la promoción interna de forma preferente.
d) La reducción o reordenación de su tiempo de trabajo.

14. Según su artículo 1, la LO 3/2007 tiene por objeto hacer efectivo el derecho de:

a) Conciliación de la vida laboral y familiar de mujeres y hombres.
b) Igualdad de trato y de oportunidades entre mujeres y hombres.
c) Participación en los asuntos públicos en igualdad de condiciones.
d) No discriminación por razón de sexo.

15. Las obligaciones establecidas en la LO 3/2007 son de aplicación a:

a) A toda persona, física o jurídica, que se encuentre o actúe en territorio español, cualquiera que fuese su nacionalidad, domicilio o residencia.
b) A todos los ciudadanos españoles, ya sea en territorio español o territorio de cualquier país extranjero.
c) A toda persona, física o jurídica, que se encuentre o actúe en territorio español, con nacionalidad española.
d) A toda persona, física o jurídica, que resida en territorio español, cualquiera que fuese su nacionalidad.

16. ¿Cuál de los siguientes aspectos no se recoge en el objeto de la Ley orgánica 3/2007, de 22 de marzo, para la igualdad efectiva de mujeres y hombres?

a) El reconocimiento de la diversidad de géneros.
b) Hacer efectivo el derecho de igualdad de trato y de oportunidades entre mujeres y hombres.
c) La eliminación de la discriminación de la mujer.
d) Que las mujeres y los hombres son iguales en dignidad humana, e iguales en derechos y deberes.

17. Señalar la opción incorrecta. Según el artículo 3 de la LO 3/2007, el principio de igualdad de trato entre mujeres y hombres supone la ausencia de toda discriminación, directa o indirecta, por razón de sexo, y especialmente, las derivadas de:

a) La maternidad.
b) La tendencia sexual.
c) La asunción de obligaciones familiares.
d) El estado civil.

18. El principio de igualdad de trato y de oportunidades entre mujeres y hombres:

a) Sólo se aplica en el ámbito del empleo público.
b) Se garantizará incluso en el acceso al trabajo por cuenta propia.
c) No se aplica en la afiliación y participación en organizaciones sindicales o empresariales.
d) Se garantizará en los términos que prevean los convenios colectivos.

19. Las Administraciones públicas garantizarán un igual derecho a la salud de las mujeres y hombres evitando que se produzcan discriminaciones entre unas y otros por los estereotipos sociales asociados, o por sus diferencias:

a) Sexuales.
b) Económicas.
c) Étnicas.
d) Biológicas.

20. Las Administraciones públicas garantizarán un igual derecho a la salud de las mujeres y hombres desarrollando a través de sus Servicios de Salud y de los órganos competentes en cada caso, la adopción sistemática, dentro de las acciones de educación sanitaria, de iniciativas destinadas a favorecer la promoción específica de la salud de las mujeres, así como a prevenir su:

a) Pobreza.
b) Maternidad.
c) Discriminación.
d) Desarraigo.

En MADTEST tienes **más preguntas de este tema**, y todos tus avances quedan registrados y se reflejan en el ranking.

¡Supera tus límites con MADTEST!

Solución al test n.º 4

1. a) No supone la existencia necesariamente de convivencia entre la víctima y el agresor.

2. c) Tienen finalidad previsora y sancionadora.

3. d) Incluye la violencia psicológica por sí.

4. a) Incluye las amenazas y las coacciones.

5. c) Por parte de la Administración General del Estado.

6. a) Actuar contra la violencia que, como manifestación de la discriminación, la situación de desigualdad y las relaciones de poder de los hombres sobre las mujeres, se ejerce sobre éstas por parte de quienes sean o hayan sido sus cónyuges o de quienes estén o hayan estado ligados a ellas por relaciones similares de afectividad, aun sin convivencia.

7. a) Eficaz.

8. c) Con el fin de facilitar su integración social.

9. d) Intercultural.

10. b) Campañas de información y sensibilización.

11. c) De todas las Comunidades Autónomas con competencia en la materia.

12. c) Justificadas, cuando así lo determinen los servicios sociales de atención o servicios de salud, según proceda.

13. c) Acceder a la promoción interna de forma preferente.

14. b) Igualdad de trato y de oportunidades entre mujeres y hombres.

15. a) A toda persona, física o jurídica, que se encuentre o actúe en territorio español, cualquiera que fuese su nacionalidad, domicilio o residencia.

16. a) El reconocimiento de la diversidad de géneros.

17. b) La tendencia sexual.

18. b) Se garantizará incluso en el acceso al trabajo por cuenta propia.

19. d) Biológicas.

20. c) Discriminación.

TEST N.º 5

La Ley 31/1995, de 8 de noviembre, de Prevención de Riesgos laborales: derechos y obligaciones, consulta y participación de los trabajadores. Prevención de riesgos laborales específicos de la categoría. Especial referencia a la manipulación manual de cargas y al riesgo biológico, medidas de prevención. Ergonomía: métodos de movilización de enfermos e incapacitados

1. Los representantes de los trabajadores con competencia en materia de prevención de riesgos laborales son:

a) Los miembros de la Junta de personal, Junta Facultativo y Junta de Enfermería.
b) Los técnicos de prevención de riesgos laborales.
c) El Servicio de Medicina Preventiva.
d) Los delegados de prevención.

2. Qué se entiende por "riesgo laboral":

a) La posibilidad de que un trabajador sufra un determinado daño derivado del trabajo.
b) La posibilidad de que un trabajador sufra una enfermedad en el trabajo.
c) La posibilidad de que un trabajador sufra acoso.
d) El riesgo que supone el ir a trabajar.

3. ¿Quién debe garantizar a los trabajadores la vigilancia periódica de su estado de salud en función de los riesgos inherentes al trabajo?

a) La Inspección de Trabajo.
b) El propio trabajador.
c) El empresario.
d) Las secciones sindicales.

4. El derecho básico reconocido a los trabajadores por la Ley 31/1995, de 8 de noviembre es:

a) La vigilancia de su estado de salud.
b) Una protección eficaz en materia de seguridad y salud en el trabajo.
c) La formación en materia preventiva.
d) La información, consulta y participación.

5. Indica cuál es la definición de prevención:

a) La probabilidad racional de que un riesgo se materialice de forma inminente.
b) El estudio de los procesos potencialmente peligrosos para el trabajo.
c) Conjunto de actividades o medidas adoptadas o previstas en todas las fases de actividad de la empresa con el fin de evitar o disminuir los riesgos derivados del trabajo.
d) Posibilidad de que un trabajador sufra un determinado daño derivado del trabajo.

6. Señala la respuesta incorrecta:

a) La Ley de Prevención de Riesgos Laborales se aplica a los operativos de Seguridad civil en casos de catástrofe.
b) La Ley de Prevención de Riesgos Laborales se aplica a las sociedades cooperativas.
c) En el ámbito de la relación laboral de carácter especial del servicio del hogar familiar, las personas trabajadoras tienen derecho a una protección eficaz en materia de seguridad y salud en el trabajo.
d) En los establecimientos penitenciarios, se adaptarán a la Ley de Prevención de Riesgos Laborales aquellas actividades cuyas características justifiquen una regulación especial.

7. ¿Cuál es la vigente Ley de Prevención de Riesgos Laborales?

a) Ley 32/1995, de 8 de noviembre.
b) Ley 30/1996, de 8 de noviembre.
c) Ley 31/1995, de 6 de noviembre.
d) Ley 31/1995, de 8 de noviembre.

8. Entre los principios de la acción preventiva recogidos por el artículo 15 de la Ley de Prevención de Riesgos Laborales, no figura:

a) Evitar los riesgos.
b) Evaluar los riesgos que se puedan evitar.
c) Tener en cuenta la evolución de la técnica.
d) Dar las debidas instrucciones a los trabajadores.

9. ¿Cuántos delegados de prevención se deberán elegir en empresas entre 3001 y 4000 trabajadores?

a) 5.
b) 6.
c) 7.
d) 8.

10. En las empresas de hasta 30 trabajadores el Delegado de Prevención será:

a) El propio empresario.
b) El trabajador más antiguo.
c) El trabajador de mayor cualificación.
d) El delegado de personal.

11. Entre las obligaciones de los trabajadores recogidas por la Ley de Prevención de Riesgos Laborales, no figura:

a) Informar directamente al empresario de cualquier situación que entrañe riesgo para la seguridad o salud de los trabajadores.
b) Contribuir al cumplimiento de las obligaciones establecidas por la autoridad competente con el fin de proteger la seguridad y la salud de los trabajadores en el trabajo.
c) Cooperar con el empresario para que éste pueda garantizar unas condiciones de trabajo que sean seguras y no entrañen riesgos para la seguridad y la salud de los trabajadores.
d) Utilizar correctamente los medios y equipos de protección facilitados por el empresario, de acuerdo con las instrucciones recibidas de éste.

12. El empresario deberá constituir un servicio de prevención propio siempre que se trate de empresas que cuenten con:

a) Más de 500 trabajadores.
b) Menos de 250 trabajadores.
c) Más de 250 trabajadores.
d) Más de 250 y menos de 500 trabajadores.

13. Cuando los trabajadores estén expuestos a un riesgo grave e inminente con ocasión de su trabajo, y el empresario no adopte o no permita la adopción de las medidas necesarias para garantizar la seguridad y la salud de los trabajadores, la Ley 31/1995, de 8 de noviembre, de Prevención de Riesgos Laborales prevé:

a) Los trabajadores afectados podrán paralizar la actividad.
b) El órgano de representación del personal instará formalmente al empresario a la adopción de las medidas necesarias.
c) Los Delegados de Prevención lo comunicarán a la autoridad laboral, que adoptará las medidas necesarias.
d) El órgano de representación de personal podrá acordar la paralización de la actividad.

14. Según establece el art. 4 de la Ley 31/1995, de 8 de noviembre, de Prevención de Riesgos Laborales, se define como daños derivados del trabajo:

a) La posibilidad de que un trabajador sufra un determinado daño derivado del trabajo.

b) El que resulte probable racionalmente que se materialice en un futuro inmediato y pueda suponer y pueda suponer un daño grave para la salud de los trabajadores.

c) Las enfermedades, patologías o lesiones sufridas con motivo u ocasión del trabajo.

d) Cualquier máquina, aparato, instrumento o instalación utilizada en el trabajo.

15. Según recoge el artículo 4 de la Ley 31/1995, quedan específicamente incluidas en la definición de condición de trabajo:

a) Las características particulares de los locales, instalaciones, equipos, productos y demás útiles existentes en el centro de trabajo.

b) La naturaleza de los agentes físicos, químicos y biológicos presentes en el ambiente de trabajo y sus correspondientes intensidades, concentraciones o niveles de presencia.

c) Los procedimientos para la utilización de los agentes citados anteriormente que no influyan en la generación de los riesgos mencionados.

d) Todas aquellas otras características del trabajo, excluidas las relativas a su organización y ordenación, que influyan en la magnitud de los riesgos a que esté expuesto el trabajador.

16. Los instrumentos esenciales para la gestión y aplicación del Plan de prevención de riesgos laborales son:

a) La evaluación de riesgos y la planificación de la actividad preventiva.

b) La evaluación inicial de riesgos y la formación.

c) La planificación y la gestión de la actividad preventiva.

d) La identificación y la evaluación de los riesgos.

17. El posible cambio de puesto de trabajo con riesgo para una trabajadora embarazada:

a) Deberá realizarse en caso de imposibilidad de adaptación del propio puesto.

b) Se hará previo informe en tal sentido del Servicio de Prevención.

c) Se determinará por el empresario, y dará información a los representantes de los trabajadores.

d) Se extenderá al período de lactancia.

18. La prevención de riesgos laborales deberá integrarse en el sistema general de gestión de la empresa a través de:

a) La política preventiva.

b) El plan de prevención.

c) El consenso de las partes.

d) El poder de decisión del empresario.

19. El objeto y carácter de la norma de la Ley 31/95 de Prevención de Riesgos Laborales dice:

a) La presente Ley tiene por objeto promover la salud de los trabajadores mediante la aplicación de medidas y el desarrollo de las actividades necesarias para la prevención de riesgos derivados del trabajo.

b) La presente Ley tiene por objeto promover la seguridad y la salud de los trabajadores mediante la aplicación de medidas y el desarrollo de las actividades necesarias para la prevención de riesgos derivados del trabajo.

c) La presente Ley tiene por objeto promover la seguridad de los trabajadores mediante la aplicación de medidas y el desarrollo de las actividades necesarias para la prevención de riesgos derivados del trabajo.

d) La presente Ley tiene por objeto promover la seguridad, la salud de los trabajadores y la negociación entre empresa y delegados de prevención, mediante la aplicación de medidas y el desarrollo de las actividades necesarias para la prevención de riesgos derivados del trabajo.

20. ¿Cuándo se deben utilizar los equipos de protección individual?

a) Siempre.

b) Cuando los riesgos no hayan sido evaluados.

c) Cuando los riesgos no se puedan evitar o no puedan limitarse.

d) Cuando el trabajador lo estime oportuno.

En MADTEST tienes **más preguntas de este tema**, y todos tus avances quedan registrados y se reflejan en el ranking.

¡Supera tus límites con MADTEST!

Solución al test n.º 5

1. d) Los delegados de prevención.

2. a) La posibilidad de que un trabajador sufra un determinado daño derivado del trabajo.

3. c) El empresario.

4. b) Una protección eficaz en materia de seguridad y salud en el trabajo.

5. c) Conjunto de actividades o medidas adoptadas o previstas en todas las fases de actividad de la empresa con el fin de evitar o disminuir los riesgos derivados del trabajo.

6. a) La Ley de Prevención de Riesgos Laborales se aplica a los operativos de Seguridad civil en casos de catástrofe.

7. d) Ley 31/1995, de 8 de noviembre.

8. b) Evaluar los riesgos que se puedan evitar.

9. c) 7.

10. d) El delegado de personal.

11. a) Informar directamente al empresario de cualquier situación que entrañe riesgo para la seguridad o salud de los trabajadores.

12. a) Más de 500 trabajadores.

13. d) El órgano de representación de personal podrá acordar la paralización de la actividad.

14. c) Las enfermedades, patologías o lesiones sufridas con motivo u ocasión del trabajo.

15. b) La naturaleza de los agentes físicos, químicos y biológicos presentes en el ambiente de trabajo y sus correspondientes intensidades, concentraciones o niveles de presencia.

16. a) La evaluación de riesgos y la planificación de la actividad preventiva.

17. a) Deberá realizarse en caso de imposibilidad de adaptación del propio puesto.

18. b) El plan de prevención.

19. b) La presente Ley tiene por objeto promover la seguridad y la salud de los trabajadores mediante la aplicación de medidas y el desarrollo de las actividades necesarias para la prevención de riesgos derivados del trabajo.

20. c) Cuando los riesgos no se puedan evitar o no puedan limitarse.

TEST N.º 6

La protección de datos. Ley Orgánica 3/2018, de 5 de diciembre, de Protección de Datos Personales y Garantía de los Derechos Digitales: objeto, ámbito de aplicación y principios, definiciones, derechos de las personas

1. El artículo 4 de la LO 3/2018 señala que, conforme al artículo 5.1.d) del Reglamento (UE) 2016/679, los datos serán exactos y, si fuere necesario:

a) Actualizados.
b) Aproximados.
c) Normalizados.
d) Digitalizados.

2. Conforme al artículo 5.1 de la LO 3/2018, estarán sujetas al deber de confidencialidad:

a) Únicamente los responsables del tratamiento.
b) Los responsables y encargados del tratamiento.
c) Los responsables y encargados del tratamiento de datos, así como todas las personas que intervengan en cualquier fase de este.
d) Los responsables y encargados del tratamiento de datos, así como todas las personas que intervengan en todas las fases de este.

3. Conforme a los artículos 4.11 del RGPD y 6.1 de la LO 3/2018, se entiende por consentimiento del afectado la aceptación, ya sea mediante una declaración o una clara acción afirmativa, del tratamiento de datos personales que le conciernen manifestada por voluntad libre, de forma específica, informada e/y:

a) Detallada.
b) Unitaria.
c) Inequívoca.
d) Por escrito.

4. Cuando se pretenda fundar el tratamiento de los datos en el consentimiento del afectado para una pluralidad de finalidades:

a) Será preciso que conste de manera específica e inequívoca que dicho consentimiento se otorga para todas ellas.

b) Será necesario demostrar que el afectado consintió expresamente e inequívocamente en alguna de las finalidades y, que el resto de finalidades están claramente relacionadas con aquella.

c) El responsable debe demostrar la adecuación de las distintas finalidades a un único objeto.

d) El consentimiento del afectado sólo puede afectar a una finalidad. Cada finalidad precisa un consentimiento propio e independiente.

5. Conforme al principio de limitación de la finalidad, los datos personales serán recogidos con fines determinados, explícitos y:

a) Limitados.
b) Transparentes.
c) Compatibles.
d) Legítimos.

6. Según el artículo 8.1 de la LO 3/2018, el tratamiento de datos personales solo podrá considerarse fundado en el cumplimiento de una obligación legal exigible al responsable:

a) Cuando así lo prevea una norma de Derecho de la Unión Europea o una norma con rango de ley.

b) Cuando el tratamiento se considere una misión realizada en interés público.

c) Cuando se trate del ejercicio de poderes públicos conferidos al responsable.

d) Cuando el responsable sea un órgano u organismo público.

7. Conforme al artículo 9 de la LO 3/2018, de 5 de diciembre, de Protección de Datos Personales y garantía de los derechos digitales, cuál de los siguientes tratamientos de categorías especiales de datos fundados en el Derecho español deberá estar amparado en una norma con rango de ley:

a) Tratamiento necesario con fines de archivo en interés público, fines de investigación científica o histórica.

b) Tratamiento efectuado, en el ámbito de sus actividades legítimas y con las debidas garantías, por una fundación, una asociación o cualquier otro organismo sin ánimo de lucro, cuya finalidad sea política, filosófica, religiosa o sindical, siempre que el tratamiento se refiera exclusivamente a los miembros actuales o antiguos de tales organismos o a personas que mantengan contactos regulares con ellos en relación con sus fines y siempre que los datos personales no se comuniquen fuera de ellos sin el consentimiento de los interesados

c) Tratamiento necesario para fines de medicina preventiva o laboral, evaluación de la capacidad laboral del trabajador, diagnóstico médico, prestación de asistencia o tratamiento de tipo sanitario o social, o gestión de los sistemas y servicios de asistencia sanitaria y social.

d) Tratamiento referido a datos personales que el interesado ha hecho manifiestamente públicos.

8. Conforme al artículo 9 de la LO 3/2018, de 5 de diciembre, de Protección de Datos Personales y garantía de los derechos digitales, cuál de los siguientes tratamientos de categorías especiales de datos fundados en el Derecho español deberá estar amparado en una norma con rango de ley:

a) El interesado dio su consentimiento explícito para el tratamiento de dichos datos personales con uno o más de los fines especificados.

b) El tratamiento es necesario para el cumplimiento de obligaciones y el ejercicio de derechos específicos del responsable del tratamiento o del interesado en el ámbito del Derecho laboral y de la seguridad y protección social.

c) El tratamiento es necesario para proteger intereses vitales del interesado o de otra persona física, en el supuesto de que el interesado no esté capacitado, física o jurídicamente, para dar su consentimiento.

d) El tratamiento es necesario por razones de interés público en el ámbito de la salud pública, como la protección frente a amenazas transfronterizas graves para la salud, o para garantizar elevados niveles de calidad y de seguridad de la asistencia sanitaria y de los medicamentos o productos sanitarios.

9. Uno de los objetos de la Ley Orgánica 3/2018, de 5 de diciembre, de Protección de Datos Personales y garantía de los derechos digitales, es:

a) Adaptar el ordenamiento jurídico español al Reglamento General de Protección de Datos y completar sus disposiciones.

b) Establecer las normas relativas a la protección de las personas físicas en lo que respecta al tratamiento de los datos personales y las normas relativas a la libre circulación de tales datos.

c) Adaptar el Reglamento General de Protección de Datos al ordenamiento jurídico español y completar sus disposiciones.

d) Garantizar la seguridad de la transferencia de datos entre países de la Unión Europea.

10. Señalar la opción incorrecta. Conforme al artículo 11.2 de la LO 3/2018, la información básica que el responsable del tratamiento ha de facilitar al afectado, cuando los datos personales se hayan obtenido de éste, debe contener obligatoriamente:

a) La finalidad del tratamiento.

b) La identidad del responsable del tratamiento y de su representante, en su caso.

c) La posibilidad de ejercer los derechos establecidos en los artículos 15 a 22 del RGPD.

d) Las categorías de datos objeto de tratamiento.

11. Según el artículo 7.1 de la LO 3/2018, el tratamiento de los datos personales de un menor de edad únicamente podrá fundarse en su consentimiento cuando sea mayor de:

a) 12 años.

b) 13 años.

c) 14 años.

d) 16 años.

12. El derecho a la portabilidad de los datos:

a) Se podrá aplicar a los tratamientos que sean necesario para el cumplimiento de una misión realizada en interés público o en el ejercicio de poderes públicos conferidos al responsable del tratamiento.

b) A diferencia de otros derechos, podrá afectar negativamente a los derechos y libertades de otros.

c) Supone la obligación de que, en todo caso, los datos personales se transmitan directamente de responsable a responsable.

d) Requiere que el tratamiento se efectúe por medios automatizados.

13. Conforme al artículo 12 de la LO 3/2018, los derechos reconocidos en los artículos 15 a 22 del RGPD:

a) Sólo podrán ser ejercidos directamente por el afectado.

b) Deberán ejercerse bien directamente por el afectado o por representante legal.

c) Deberán ejercerse bien directamente por el afectado o por representante voluntario.

d) Podrán ejercerse directamente o por medio de representante legal o voluntario.

14. Según el artículo 12.4 de la LO 3/2018, la prueba del cumplimiento del deber de responder a la solicitud de ejercicio de sus derechos formulado por el afectado recaerá:

a) Sobre el responsable del tratamiento.

b) Sobre el encargado del tratamiento.

c) Bien sobre el responsable o bien sobre el encargado.

d) Sobre el representante legal del afectado.

15. En virtud del artículo 12 de la LO 3/2018 es cierto, en relación a los medios para que el afectado pueda ejercer sus derechos, que:

a) El encargado del tratamiento estará obligado a informar al afectado sobre los medios a su disposición para ejercer los derechos que le corresponden.

b) Los medios deberán ser consensuados con los afectados antes de poner en marcha el tratamiento.

c) Los medios deberán ser fácilmente accesibles para el afectado.

d) El ejercicio del derecho podrá ser denegado cuando el afectado opte por otro medio.

16. Conforme al artículo 16 del RGPD, teniendo en cuenta los fines del trata-miento, el interesado tendrá derecho a que se completen los datos personales que sean incompletos, inclusive mediante:

a) Levantamiento de acta.

b) Certificación de modificación.

c) Una declaración adicional.

d) Elaboración de anexos.

17. Conforme al artículo 17 del RGPD, el derecho de supresión no se podrá apli-car cuando:

a) Los datos personales ya no sean necesarios en relación con los fines para los que fueron recogidos o tratados de otro modo.

b) Los datos personales se hayan obtenido en relación con la oferta de servicios de la sociedad de la información.

c) Los datos personales hayan sido tratados ilícitamente.

d) Los datos personales sean necesarios para ejercer el derecho a la libertad de expre-sión e información.

18. Conforme al artículo 18 del RGPD, el interesado tendrá derecho a obtener del responsable del tratamiento la limitación del tratamiento de los datos:

a) Cuando los datos personales ya no sean necesarios en relación con los fines para los que fueron recogidos o tratados de otro modo.

b) Para que el interesado pueda ejercer el derecho a la libertad de expresión e infor-mación.

c) Cuando el interesado impugne la exactitud de los datos personales, durante un plazo que permita al responsable verificar la exactitud de los mismos.

d) Por razones de interés público en el ámbito de la salud pública.

19. En referencia al derecho de oposición, el artículo 21 del RGPD señala que:

a) Cuando el tratamiento de datos personales tenga por objeto la mercadotecnia di-recta, el interesado tendrá derecho a oponerse en todo momento al tratamiento de los datos personales que le conciernan.

b) A más tardar en el momento de la segunda comunicación con el interesado, el derecho de oposición será mencionado explícitamente al interesado y será presentado claramente y al margen de cualquier otra información.

c) Aun cuando el tratamiento de datos personales tenga por objeto la mercadotecnia directa, el interesado no podrá oponerse a la elaboración de perfiles relacionada con la citada mercadotecnia.

d) Los motivos legítimos para el tratamiento por parte del responsable del tratamiento no pueden prevalecer sobre los intereses, derechos y libertades del interesado.

20. Cuando las solicitudes de ejercicio de los derechos de un interesado en un tratamiento de datos de carácter personal sean manifiestamente infundadas o excesivas, especialmente debido a su carácter repetitivo, el responsable del tratamiento podrá cobrar un canon razonable en función de los costes administrativos afrontados para facilitar la información o la comunicación o realizar la actuación solicitada. A menos que exista causa legítima para ello, se podrá considerar repetitivo el ejercicio del derecho de acceso en más de una ocasión durante el plazo de (a partir de):

a) 3 meses.
b) 6 meses.
c) 10 meses.
d) 1 año.

En MADTEST tienes **más preguntas de este tema,** y todos tus avances quedan registrados y se reflejan en el ranking.

¡Supera tus límites con MADTEST!

Solución al test n.º 6

1. a) Actualizados.

2. c) Los responsables y encargados del tratamiento de datos, así como todas las personas que intervengan en cualquier fase de este.

3. c) Inequívoca.

4. a) Será preciso que conste de manera específica e inequívoca que dicho consentimiento se otorga para todas ellas.

5. d) Legítimos.

6. a) Cuando así lo prevea una norma de Derecho de la Unión Europea o una norma con rango de ley.

7. c) Tratamiento necesario para fines de medicina preventiva o laboral, evaluación de la capacidad laboral del trabajador, diagnóstico médico, prestación de asistencia o tratamiento de tipo sanitario o social, o gestión de los sistemas y servicios de asistencia sanitaria y social.

8. d) El tratamiento es necesario por razones de interés público en el ámbito de la salud pública, como la protección frente a amenazas transfronterizas graves para la salud, o para garantizar elevados niveles de calidad y de seguridad de la asistencia sanitaria y de los medicamentos o productos sanitarios.

9. a) Adaptar el ordenamiento jurídico español al Reglamento General de Protección de Datos y completar sus disposiciones.

10. d) Las categorías de datos objeto de tratamiento.

11. c) 14 años.

12. d) Requiere que el tratamiento se efectúe por medios automatizados.

13. d) Podrán ejercerse directamente o por medio de representante legal o voluntario.

14. a) Sobre el responsable del tratamiento.

15. c) Los medios deberán ser fácilmente accesibles para el afectado.

16. c) Una declaración adicional.

17. d) Los datos personales sean necesarios para ejercer el derecho a la libertad de expresión e información.

18. c) Cuando el interesado impugne la exactitud de los datos personales, durante un plazo que permita al responsable verificar la exactitud de los mismos.

19. a) Cuando el tratamiento de datos personales tenga por objeto la mercadotecnia directa, el interesado tendrá derecho a oponerse en todo momento al tratamiento de los datos personales que le conciernan.

20. b) 6 meses.

TEST N.º 7

**Principios fundamentales de la bioética: dilemas éticos.
Normas legales de ámbito profesional.
El secreto profesional: concepto y regulación jurídica**

1. ¿Cuál de los siguientes conceptos no configura el denominado paradigma enfermero?

a) Concepto de paciente.
b) Concepto de entorno.
c) Concepto de Salud.
d) Concepto de persona.

2. ¿En qué año apareció el primer código de enfermería de carácter internacional que se aprobó para toda la comunidad enfermera?

a) 1820.
b) 1953.
c) 1977.
d) 1910.

3. La profesionalización de la enfermería apareció con la afirmación de que para dar unos cuidados de calidad era precisa la formación sistemática. ¿Qué autora es la responsable de este pensamiento?

a) Hildegarde Peplau.
b) Virginia Henderson.
c) Florence Nightingale.
d) Dorotea Orem.

4. En el año 1893 en el Hospital Harper (Detroit) se propuso el primer código de enfermería que debían acatar todas las alumnas de enfermería al finalizar sus estudios antes de empezar la vida profesional. ¿Cómo se llamó ese código?

a) Juramento de Hipócrates enfermero.
b) Juramento NANDA.
c) Juramento Nightingale.
d) Juramento Henderson.

5. ¿En qué año se convirtieron los estudios de Enfermería en estudios universitarios?

a) 1977.
b) 1973.
c) 1975.
d) 1979.

6. ¿Cuál de las siguientes opciones se considera una característica de las normas éticas?

a) Tienen que cumplirse obligatoriamente.
b) Deben estar positivadas.
c) Tienen repercusión social.
d) No están ligadas al Estado.

7. Con respecto a los valores profesionales del ejercicio de la profesión, ¿cuál de las siguientes afirmaciones no es correcta?

a) Los valores profesionales son un conjunto de creencias que se han ido consensuando a lo largo del tiempo y tienen verdadera importancia en el ámbito universal o en el regional en una cultura o pueblo.
b) Todas las personas poseen valores profesionales muy parecidos, casi idénticos.
c) Los valores profesionales son un reflejo y proyección de los valores personales.
d) Los valores profesionales se pueden adquirir en el ejercicio de la profesión.

8. Según Raths, Haumin y Simon, entre los criterios a cumplir para que las creencias, actitudes, actividades o sentimientos se conviertan en valor destaca:

a) Haber sido elegidos libremente sin presión externa.
b) Haber sido elegidos libremente entre varias alternativas.
c) Haber sido afirmados a los demás.
d) Todas son correctas.

9. Según Raths, Haumin y Simon, ¿cuántos criterios deben cumplirse para que las creencias, actitudes, actividades o sentimientos se conviertan en valor?

a) 1.
b) 3.
c) 5.
d) 7.

10. Con respecto a los valores profesionales del ejercicio de la profesión, es cierto que:

a) Los valores intrínsecos se refieren fundamentalmente a aquellos que contribuyen al mantenimiento de la vida.
b) Los alimentos tienen un valor extrínseco.
c) Un valor extrínseco se genera dentro de la persona y se considera necesario para mantener la vida.
d) La paz es un valor intrínseco.

11. Dentro de los conceptos básicos utilizados en ética, una declaración falsa y mal intencionada se denomina:

a) Difamación.
b) Calumnia.
c) Agravio.
d) Negligencia.

12. En el área de la ética y concretamente en la práctica de Enfermería se considera agravio:

a) La falta de aplicación o cuidado por descuido u omisión.
b) Desacreditar a alguien por medio de manifestaciones o declaraciones públicas para hacerle perder su reputación.
c) A cualquier circunstancia, dicho o hecho que perjudica a una persona en sus intereses, derechos o reputación con respecto a terceros.
d) A un atentado intencionado en el que se pone en peligro la integridad física de la persona sin su consentimiento.

13. El hecho de desacreditar a alguien por medio de manifestaciones o declaraciones públicas para hacerle perder su reputación se denomina:

a) Calumnia.
b) Asalto.
c) Agravio.
d) Difamación.

14. Dentro de los conceptos básicos utilizados en ética, la agresión es una forma de:

a) Asalto.
b) Difamación.
c) Agravio.
d) Calumnia.

15. Tomando como referencia los conceptos básicos utilizados en ética, no realizar una tarea determinada en el momento indicado es:

a) Daño intencionado.
b) Agravio.
c) Negligencia.
d) Olvido.

16. Mayeroff habla de ocho componentes básicos a desarrollar para disponer de la capacidad de cuidar. ¿Cuál de los siguientes no es uno de ellos?

a) Conocimiento.
b) Honestidad.
c) Soberbia.
d) Esperanza.

17. Para las decisiones que los profesionales de enfermería deben tomar en su ejercicio profesional cabe señalar:

a) Recomendaciones de los médicos.
b) Recomendaciones del Consejo médico de Europa.
c) Recomendaciones de otros profesionales sanitarios.
d) Código ético de la profesión.

18. En la práctica enfermera existe varios tipos de relaciones asistenciales; ¿cuál de los siguientes es uno de ellos?

a) Primaria.
b) Secundaria.
c) Terciaria.
d) Las opciones a y b son correctas.

19. En la práctica enfermera la relación madre-hijo es una relación asistencial:

a) Secundaria simpática.
b) Primaria.
c) Secundaria empática.
d) Terapéutica secundaria.

20. ¿De qué forma se puede desarrollar una relación terapéutica?

a) De forma primaria.
b) De forma simpática.
c) De forma empática.
d) Las opciones b) y c) son correctas.

En MADTEST tienes **más preguntas de este tema**, y todos tus avances quedan registrados y se reflejan en el ranking.

¡Supera tus límites con MADTEST!

Solución al test n.º 7

1. a) Concepto de paciente.

2. b) 1953.

3. c) Florence Nightingale.

4. c) Juramento Nightingale.

5. a) 1977.

6. d) No están ligadas al Estado.

7. b) Todas las personas poseen valores profesionales muy parecidos, casi idénticos.

8. d) Todas son correctas.

9. d) 7.

10. a) Los valores intrínsecos se refieren fundamentalmente a aquellos que contribuyen al mantenimiento de la vida.

11. b) Calumnia.

12. c) A cualquier circunstancia, dicho o hecho que perjudica a una persona en sus intereses, derechos o reputación con respecto a terceros.

13. d) Difamación.

14. a) Asalto.

15. c) Negligencia.

16. c) Soberbia.

17. d) Código ético de la profesión.

18. d) Las opciones a y b son correctas.

19. b) Primaria.

20. d) Las opciones b y c son correctas.

TEST N.º 8

Técnicas y habilidades de comunicación. Técnicas de apoyo psicológico en situaciones de emergencia y desastre. Habilidades básicas para la primera relación de ayuda. Trabajo en equipo. Colaboración con otros profesionales

1. ¿Cuál de los siguientes es un elemento del proceso de la comunicación?

a) Fuente.
b) Transmisión.
c) Huésped.
d) Las opciones a y b son correctas.

2. El elemento del proceso de la comunicación denominado emisor o fuente es:

a) El contenido de lo que se comunica.
b) La persona receptora del mensaje.
c) El individuo que transmite la información.
d) La forma de transmitir el contenido.

3. La importancia de la comunicación radica en:

a) Permite la relación de las personas.
b) Fomenta la motivación.
c) Permite la integración social.
d) Todas son ciertas.

4. Para que la comunicación haya sido efectiva, tiene que producir en el receptor:

a) Una respuesta.
b) Una información.
c) Un flujo de retroalimentación.
d) Las opciones a y b son ciertas.

5. Señale la respuesta correcta:

a) Emisor es un aparato que transmite un mensaje.
b) Receptor es a quien se le transmite el mensaje.

c) Canal es el medio por el que se transmite el mensaje.

d) Las opciones b y c son correctas.

6. Señale la respuesta incorrecta de la siguiente pregunta. ¿Cuál de las opciones que se indican son elementos de la comunicación?

a) Emisor, receptor, mensaje, código, medio.

b) Fuente productora, mensaje, signo, canal.

c) Proceso, acto, modelo de comunicación.

d) Todas son correctas.

7. En cuanto al proceso de la comunicación, señale la respuesta correcta:

a) Los problemas de comunicación pueden depender de la fuente emisora.

b) Los problemas de comunicación pueden deberse a problemas en el mensaje.

c) Los problemas de comunicación pueden estar motivados por fallos de recepción.

d) Todas son correctas.

8. Con respecto a las habilidades de relación interpersonal, señale la respuesta incorrecta:

a) En la relación interpersonal con el paciente el objetivo es la ayuda.

b) En la relación interpersonal con el paciente debe existir honestidad, sinceridad, respeto, confianza.

c) En la relación interpersonal con el paciente se debe percibir, pensar, sentir, observar un objetivo, actuar.

d) En la relación interpersonal con el paciente no debe existir compañerismo.

9. Una relación interpersonal es eficiente cuando origina en el paciente y en el enfermero:

a) Satisfacción.

b) Ansiedad.

c) Agresividad.

d) Negativismo.

10. Una relación interpersonal es deficiente cuando origina en el enfermero y en el paciente:

a) Empatía.

b) Enojo.

c) Compañerismo.

d) Autenticidad.

11. El funcionamiento objetivo de un equipo de trabajo debe reunir todas estas características excepto:

a) Determinación del fin a obtener de modo transparente.
b) El fin a obtener debe ser conocido por todos sus miembros.
c) Descripción de soluciones mediante la utilización de las sugerencias y soluciones expuestas por los miembros.
d) Ejecución del objetivo, exclusivamente a través del líder o superior.

12. En la organización de los grupos de trabajo:

a) Prima la jerarquía.
b) No existe responsable del grupo.
c) La jerarquía es mediana, pero importante.
d) Todas las categorías laborales funcionan con igualdad.

13. En un equipo de trabajo:

a) Su organización es muy jerárquica.
b) Cada miembro puede tener una manera particular de funcionar.
c) Es necesario que posean todos sus miembros la misma profesión.
d) Es necesaria la coordinación.

14. ¿Qué se define como la integración de elementos que da como resultado algo más grande que la simple suma de estos?

a) Antagonismo.
b) Coordinación.
c) Indiferencia.
d) Sinergia.

15. Para que un equipo de trabajo sea eficiente, ¿qué cualidad es aquella que se caracteriza en que los diferentes miembros deben dominar todas las parcelas del proyecto que aspiran a realizar?

a) Valoración.
b) Complementariedad.
c) Solidaridad.
d) Motivación.

16. ¿Cómo se denomina la acción encaminada a impulsar el comportamiento de otras personas en una determinada dirección, que se estima conveniente, dentro de un equipo de trabajo eficiente?

a) Acción de liderazgo.
b) Excitabilidad del equipo.

c) Eficiencia de constatación.
d) Motivación-Incentivación.

17. ¿Cuál es la cifra recomendada en cuanto a número de miembros en los equipos de salud?

a) De aproximadamente 5.
b) De aproximadamente 10.
c) De aproximadamente 15.
d) De aproximadamente 20.

18. Una vez definidos los objetivos propios a alcanzar del equipo de salud, se debe tener en cuenta que reúnan los atributos siguientes, excepto:

a) Alcanzables o posibles de realizar.
b) No necesariamente relacionados con el campo de la salud.
c) Realistas.
d) Conocidos por todos.

19. ¿En qué fase del proceso de un equipo de trabajo se da frecuentemente la disponibilidad, la visión positiva, la ilusión ante un proyecto y el mantenimiento de relaciones cordiales entre los miembros?

a) En la fase de inicio.
b) En la fase de primeras dificultades.
c) En la fase de agotamiento.
d) En ninguna de las anteriores.

20. ¿Qué rol de estos consideras que es funcional de producción en un equipo de trabajo?

a) El crítico.
b) El iniciador.
c) El pícaro.
d) El negativo.

En MADTEST tienes **más preguntas de este tema,** y todos tus avances quedan registrados y se reflejan en el ranking.

¡Supera tus límites con MADTEST!

Solución al test n.º 8

1. a) Fuente.

2. c) El individuo que transmite la información.

3. d) Todas son ciertas.

4. a) Una respuesta.

5. d) Las opciones b y c son correctas.

6. c) Proceso, acto, modelo de comunicación.

7. d) Todas son correctas.

8. d) En la relación interpersonal con el paciente no debe existir compañerismo.

9. a) Satisfacción.

10. b) Enojo.

11. d) Ejecución del objetivo, exclusivamente a través del líder o superior.

12. a) Prima la jerarquía.

13. d) Es necesaria la coordinación.

14. d) Sinergia.

15. b) Complementariedad.

16. d) Motivación-Incentivación.

17. b) De aproximadamente 10.

18. b) No necesariamente relacionados con el campo de la salud.

19. a) En la fase de inicio.

20. b) El iniciador.

TEST N.º 9

Real Decreto 1397/2007, de 29 de octubre, por el que se establece el título de Técnico en Emergencias Sanitarias y se fijan sus enseñanzas mínimas: competencia general, competencias profesionales, personales y sociales

1. Según el artículo 10 de la Ley Orgánica 5/2002, de 19 de junio, de las Cualificaciones y de la Formación Profesional, quién determina los títulos y los certificados de profesionalidad que constituyen las ofertas de formación profesional referidas al Catálogo Nacional de Cualificaciones Profesionales:

a) La Administración General del Estado, previa consulta al Consejo General de la Formación Profesional.

b) La Administración de la correspondiente Comunidad Autónoma, oído el Consejo General de la Formación Profesional.

c) La Conferencia Sectorial de Educación, a propuesta del Consejo General de la Formación Profesional.

d) La Administración General del Estado, a propuesta de la Conferencia Sectorial de Educación.

2. ¿Qué Real Decreto estableció el título de Técnico en Emergencias Sanitarias?

a) Real Decreto 651/2017, de 23 de junio.

b) Real Decreto 1584/2011, de 4 de noviembre.

c) Real Decreto 1255/2009, de 24 de julio.

d) Real Decreto 1397/2007, de 29 de octubre.

3. La duración del curso para la adquisición del título de Técnico en Emergencias Sanitarias es de:

a) 500 horas.

b) 1.000 horas.

c) 2.000 horas.

d) 2.500 horas.

4. ¿En qué familia profesional se encuadra el título de Técnico de Emergencias Sanitarias?

a) Servicios Socioculturales y a la Comunidad.
b) Sanidad.
c) Transporte y Mantenimiento de Vehículos.
d) Seguridad y Medio Ambiente.

5. Según la Clasificación Internacional Normalizada de la Educación, que nivel corresponde al título de Técnico de Emergencias Sanitarias:

a) CINE-1.
b) A-2.4.4.
c) P-3.5.4.
d) CINE-4.

6. Es una competencia general del título de Técnico en Emergencias Sanitarias:

a) Llevar a cabo actividades de tele operación y tele asistencia sanitaria.
b) Aplicar técnicas de soporte vital básico ventilatorio y circulatorio en situación de compromiso y de atención básica inicial en otras situaciones de emergencia.
c) Mantener el vehículo y la dotación no sanitaria en condiciones operativas.
d) Ayudar al personal médico y de enfermería en la prestación del soporte vital avanzado al paciente en situaciones de emergencia sanitaria.

7. Es una competencia profesional del título de Técnico en Emergencias Sanitarias:

a) Verificar el funcionamiento básico de los equipos médicos y medios auxiliares del vehículo sanitario aplicando protocolos de comprobación para asegurar su funcionamiento.
b) Evaluar el funcionamiento básico de los equipos médicos y medios auxiliares del vehículo sanitario aplicando protocolos de comprobación para asegurar su funcionamiento.
c) Certificar el funcionamiento básico de los equipos médicos y medios auxiliares del vehículo sanitario aplicando protocolos de comprobación para asegurar su funcionamiento.
d) Permitir el funcionamiento básico de los equipos médicos y medios auxiliares del vehículo sanitario aplicando protocolos de comprobación para asegurar su funcionamiento.

8. Es una competencia general del título de Técnico en Emergencias Sanitarias:

a) Prestar atención especializada sanitaria en el entorno extrahospitalario.
b) Prestar atención básica sanitaria y psicológica en el entorno pre-hospitalario.
c) Prestar atención básica y especializada, sanitaria y psicológica, en el entorno hospitalario.
d) Prestar atención primaria sanitaria en el entorno post-hospitalario.

9. Es una competencia profesional, personal y social del título de Técnico en Emergencias Sanitarias, actuar en la prestación sanitaria y el traslado de pacientes o víctimas siguiendo los protocolos de protección individual, prevención, seguridad y:

a) Confidencialidad.
b) Urgencia.
c) Economía.
d) Calidad.

10. Es una competencia profesional, personal y social del título de Técnico en Emergencias Sanitarias, atender las necesidades de movilidad y transporte de los pacientes, víctimas y familiares garantizando su privacidad y:

a) Autonomía.
b) Intimidad.
c) Libertad.
d) Independencia.

11. Es una competencia profesional, personal y social del título de Técnico en Emergencias Sanitarias, gestionar su carrera profesional, analizando las oportunidades de empleo, autoempleo y de:

a) Autoevaluación.
b) Aprendizaje.
c) Traslado.
d) Progresión.

12. Es una competencia profesional, personal y social del título de Técnico en Emergencias Sanitarias, participar en el trabajo en equipo, respetando la .... en las instrucciones de trabajo. Señalar la palabra que falta en la frase anterior:

a) Autonomía.
b) Jerarquía.
c) Independencia.
d) Veteranía.

13. Es una competencia profesional, personal y social del título de Técnico en Emergencias Sanitarias, crear y gestionar una pequeña empresa, realizando un estudio de viabilidad, de planificación y de:

a) Financiación.
b) Durabilidad.
c) Comercialización.
d) Rentabilidad.

14. Es una unidad de competencia de la cualificación profesional de Transporte Sanitario:

a) Mantener preventivamente el vehículo sanitario y controlar la dotación material del mismo.

b) Colaborar en la organización y el desarrollo de la logística sanitaria en escenarios con múltiples víctimas y catástrofes, asegurando el abastecimiento y la gestión de recursos y apoyando las labores de coordinación en situaciones de crisis.

c) Colaborar en la preparación y en la ejecución de planes de emergencias y de dispositivos de riesgo previsible.

d) Prestar atención sanitaria inicial a múltiples víctimas.

15. ¿Cuál de las siguientes unidades de competencia es común a las cualificaciones profesionales de Transporte Sanitario y de Atención Sanitaria a Múltiples Víctimas y Catástrofes?

a) Colaborar en la organización y el desarrollo de la logística sanitaria en escenarios con múltiples víctimas y catástrofes, asegurando el abastecimiento y la gestión de recursos y apoyando las labores de coordinación en situaciones de crisis.

b) Colaborar en la preparación y en la ejecución de planes de emergencias y de dispositivos de riesgo previsible.

c) Aplicar técnicas de apoyo psicológico y social en situaciones de crisis.

d) Prestar atención sanitaria inicial a múltiples víctimas.

16. El título de Técnico en Emergencias Sanitarias se corresponde con el nivel:

a) 3B del Marco Español de Cualificaciones para el Aprendizaje Permanente.

b) 4A del Marco Español de Cualificaciones para el Aprendizaje Permanente.

c) 5B del Marco Europeo de Cualificaciones.

d) 2A del Catálogo Nacional de Cualificaciones.

17. Según el artículo 8 del RD 1397/2007 (modificado por el RD 287/2023), las actividades del perfil profesional de Técnico en Emergencias Sanitarias se consideran:

a) Una actividad complementaria sin valor asistencial.

b) Una prestación complementaria para la asistencia sanitaria completa.

c) Una labor auxiliar de carácter exclusivamente logístico.

d) Una función administrativa de gestión sanitaria.

18. Entre las ocupaciones más relevantes del título de Técnico en Emergencias Sanitarias se encuentra:

a) Técnico en Farmacia.

b) Auxiliar de Enfermería.

c) Operador de Teleasistencia.
d) Técnico Superior en Laboratorio.

19. ¿Cuál de los siguientes módulos ha sido suprimido del ciclo formativo de Técnico en Emergencias Sanitarias?

a) Anatomofisiología y patología básicas.
b) Apoyo psicológico en situaciones de emergencia.
c) Formación y orientación laboral.
d) Teleemergencias.

20. La cualificación profesional Transporte sanitario SAN025_2 incluye, entre otras, la unidad de competencia:

a) UC0360_2: Colaborar en la organización y desarrollo de la logística sanitaria.
b) UC0072_2: Aplicar técnicas de apoyo psicológico y social en situaciones de crisis.
c) UC0073_3: Gestionar recursos hospitalarios en emergencias.
d) UC0450_2: Realizar soporte vital avanzado de forma autónoma.

Solución al test n.º 9

1. a) La Administración General del Estado, previa consulta al Consejo General de la Formación Profesional.

2. d) Real Decreto 1397/2007, de 29 de octubre.

3. c) 2.000 horas.

4. b) Sanidad.

5. c) P-3.5.4.

6. a) Llevar a cabo actividades de tele operación y tele asistencia sanitaria.

7. a) Verificar el funcionamiento básico de los equipos médicos y medios auxiliares del vehículo sanitario aplicando protocolos de comprobación para asegurar su funcionamiento.

8. b) Prestar atención básica sanitaria y psicológica en el entorno pre-hospitalario.

9. d) Calidad.

10. c) Libertad.

11. b) Aprendizaje.

12. b) Jerarquía.

13. c) Comercialización.

14. a) Mantener preventivamente el vehículo sanitario y controlar la dotación material del mismo.

15. c) Aplicar técnicas de apoyo psicológico y social en situaciones de crisis.

16. b) 4A del Marco Español de Cualificaciones para el Aprendizaje Permanente.

17. b) Una prestación complementaria para la asistencia sanitaria completa.

18. c) Operador de Teleasistencia.

19. c) Formación y orientación laboral.

20. b) UC0072_2: Aplicar técnicas de apoyo psicológico y social en situaciones de crisis.

Organización y funcionamiento del transporte sanitario utilizado por los sistemas de emergencias en la Comunidad de Madrid. Objetivo de esta prestación. Evaluación de necesidad. Transporte no asistido. Transporte Sanitario por carretera: ambulancias no asistenciales, ambulancias asistenciales, ambulancias de soporte vital básico, ambulancias de soporte vital avanzado y vehículos de transporte sanitario colectivo. Autorización de acompañante. Otros vehículos de emergencia tipo VIR (Vehículo de Intervención Rápida)

1. Según el RD 836/2012, las ambulancias de clase A1 están destinadas a:

a) Transporte de pacientes críticos con soporte vital avanzado.
b) Transporte individual sin asistencia sanitaria activa.
c) Transporte colectivo de múltiples pacientes.
d) Intervención rápida con personal médico.

2. El número máximo de pacientes que se pueden trasladar en una ambulancia de transporte colectivo (A2) es:

a) 4 pacientes.
b) 5 pacientes.
c) 6 pacientes.
d) 8 pacientes.

3. La dotación mínima de personal en una ambulancia SVB (tipo B) según el RD 836/2012 es:

a) 1 TES.
b) 2 TES.
c) 1 TES + 1 Enfermero/a.
d) 1 TES + 1 Médico/a.

4. En la Comunidad de Madrid, el organismo responsable de la coordinación del transporte sanitario urgente es:

a) Madrid 112 Pozuelo.
b) SUMMA 112.
c) CCU SERMAS.
d) Mesa de Transporte Sanitario.

5. Los VIR (Vehículos de Intervención Rápida) del SUMMA 112 tienen un horario operativo de:

a) 24/7/365.
b) 08:30 a 20:30 horas, 365 días.
c) 07:00 a 22:00 horas, días laborables.
d) 24 horas, solo fines de semana.

6. El transporte sanitario no urgente programado se define cuando existe una diferencia de tiempo desde la solicitud hasta la ejecución de:

a) Igual o superior a 12 horas.
b) Igual o superior a 18 horas.
c) Igual o superior a 24 horas.
d) Igual o superior a 48 horas.

7. En una UVI móvil (ambulancia tipo C), el número máximo de ocupantes incluyendo el paciente en camilla es:

a) 6 personas.
b) 7 personas.
c) 8 personas.
d) 5 personas.

8. La Mesa de Transporte Sanitario de la Comunidad de Madrid está operativa:

a) 24 horas, días laborables.
b) 12 horas, 365 días al año.
c) 24 horas, 365 días al año.
d) 16 horas, días laborables.

9. El primer paso en el flujo de activación del transporte sanitario de emergencias es:

a) Triaje telefónico.
b) Demanda de asistencia.
c) Asignación del recurso.
d) Clasificación de prioridad.

10. Las ambulancias SVAE (Soporte Vital Avanzado de Enfermería) del SUMMA 112 corresponden a las unidades:

a) UVI 26 y UVI 27.
b) UVI 27 y UVI 28.
c) UVI 25 y UVI 26.
d) UVI 28 y UVI 01.

11. Según la normativa, todos los vehículos de transporte sanitario deben cumplir la norma:

a) UNE-EN 1789:2007+A1:2010.
b) ISO 9001:2015.
c) UNE-EN 1865:2010.
d) ISO 14001:2015.

12. El transporte sanitario primario se define como:

a) Traslado entre hospitales.
b) Traslado desde lugar de demanda hasta centro sanitario.
c) Traslado intrahospitalario.
d) Traslado desde domicilio a consulta.

13. La autorización de acompañante en menores de 16 años es:

a) Opcional según criterio médico.
b) Obligatoria siempre.
c) Prohibida por seguridad.
d) Solo en casos graves.

14. El sistema de comunicaciones utilizado por las UVI móviles del SUMMA 112 con el SCU es:

a) Radio analógica.
b) Sistema TETRA-digital.
c) Telefonía móvil 4G.
d) Radio VHF.

15. El número actual de UVI móviles del SUMMA 112 en la Comunidad de Madrid es:

a) 26 unidades.
b) 28 unidades.
c) 30 unidades.
d) 32 unidades.

16. La prescripción de transporte sanitario no urgente debe ser realizada por:

a) Cualquier profesional sanitario.
b) Solo médicos de Atención Primaria.
c) Médicos de la RSUP mediante modelo normalizado.
d) Personal de Enfermería autorizado.

17. En el transporte sanitario no urgente, el tiempo máximo de respuesta para altas hospitalarias en la Comunidad de Madrid es:

a) 60 minutos.
b) 90 minutos.
c) 120 minutos.
d) 45 minutos.

18. Los vehículos VIR están diseñados para afrontar situaciones adversas e incorporan:

a) Solo tracción delantera.
b) Tracción integral a las cuatro ruedas.
c) Tracción trasera reforzada.
d) Sistema de cadenas automático.

19. La dotación de personal en una ambulancia tipo C (UVI móvil) incluye obligatoriamente:

a) 1 TES + 1 Enfermero/a.
b) 1 TES + 1 Médico/a.
c) 1 TES + 1 Enfermero/a + 1 Médico/a cuando la asistencia lo requiera.
d) 2 TES + 1 Médico/a.

20. El transporte sanitario aéreo con helicóptero está indicado preferentemente para distancias:

a) Superiores a 300 km.
b) Inferiores a 300 km.
c) Entre 100-500 km.
d) Solo en emergencias urbanas.

En MADTEST tienes **más preguntas de este tema**, y todos tus avances quedan registrados y se reflejan en el ranking.

¡Supera tus límites con MADTEST!

Solución al test n.º 10

1. b) Transporte individual sin asistencia sanitaria activa.

2. c) 6 pacientes.

3. b) 2 TES.

4. b) SUMMA 112.

5. b) 08:30 a 20:30 horas, 365 días.

6. b) Igual o superior a 18 horas.

7. b) 7 personas.

8. c) 24 horas, 365 días al año.

9. b) Demanda de asistencia.

10. b) UVI 27 y UVI 28.

11. a) UNE-EN 1789:2007+A1:2010.

12. b) Traslado desde lugar de demanda hasta centro sanitario.

13. b) Obligatoria siempre.

14. b) Sistema TETRA-digital.

15. b) 28 unidades.

16. c) Médicos de la RSUP mediante modelo normalizado.

17. b) 90 minutos.

18. b) Tracción integral a las cuatro ruedas.

19. c) 1 TES + 1 Enfermero/a + 1 Médico/a cuando la asistencia lo requiera.

20. b) Inferiores a 300 km.

Atención sanitaria inicial en situaciones de emergencia: signos de compromiso vital en situaciones de emergencia. Nociones básicas de primeros auxilios: soporte vital. Reanimación cardiopulmonar básica. Ventilación. Urgencias traumatológicas, heridas, hemorragias, fracturas. Lesiones por calor y humo. Quemaduras. Picaduras y mordeduras. Colaboración con el personal sanitario en la atención al parto inminente. Conocimiento y manejo básico al neonato y su transporte en incubadora. Atención al enfermo psiquiátrico. Protocolos de actuación establecidos en los distintos tipos de emergencia

1. ¿Cuál es el objetivo de la valoración primaria en emergencias?

a) Valorar las situaciones traumáticas y politraumáticas.
b) Discriminar entre los distintos niveles de víctimas y descartar a los fallecidos como urgencia.
c) Buscar y resolver aquellas situaciones que generan situaciones de compromiso vital.
d) Asegurar en lo posible las constantes vitales hasta la llegada de SUMMA 112.

2. ¿En qué parte de la secuencia de la valoración primaria (palabras o términos, del orden A, a la E), se valorará la presencia de pulso y ausencia de grandes hemorragias, FC, ritmo y amplitud junto con la existencia de signos de hipoperfusión tisular?

a) Se corresponde a la letra A y palabra AIRWAY.
b) Se corresponde a la letra B y palabra BREATHING.
c) Se corresponde a la letra C y palabra CIRCULACIÓN.
d) Se corresponde a la letra D y palabra DISABILITY.

3. ¿Qué nombre recibe el signo observable en una valoración secundaria de emergencia como un hematoma en apófisis mastoides?

a) Signo de Battle.
b) Signo de Scalps (signo del escalón).
c) Signo de Vázquez.
d) Signo de Shinn.

4. ¿Cuál es aproximadamente la tasa de supervivencia en España de las paradas cardíacas registradas?

a) La tasa de supervivencia se sitúa entre el 60 y el 75 %.
b) La tasa de supervivencia se sitúa entre el 25 y el 30 %.
c) La tasa de supervivencia se sitúa entre el 5 y el 10 %.
d) La tasa de supervivencia se sitúa entre el 1 y el 3 %.

5. ¿Cuál es el primer paso ante una situación de emergencia con posibles víctimas en parada cardiorrespiratoria?

a) Realizar la valoración primaria o inicial.
b) Valoración de la escena, garantizando la seguridad del reanimador, de la víctima y de los testigos presentes.
c) Valoración del nivel de consciencia, apertura de la vía aérea y comprobación de la respiración.
d) Alerta a los servicios de emergencia, llamando al 112.

6. ¿Qué procedimiento de estos es el correcto en la valoración inicial?

a) Sacudir al paciente y preguntarle si se encuentra bien, y si contesta, está consciente, por lo que se deberá cambiar de posición a la inicial.
b) Sacudir al paciente y preguntarle si se encuentra bien, y si no contesta, considerarlo inconsciente, por lo que se deberá ponerlo boca arriba, para que mejore la circulación.
c) Sacudir al paciente y preguntarle si se encuentra bien, y si no contesta, considerarlo inconsciente, por lo que se deberá ponerlo boca arriba, para realizar la apertura de la vía aérea, y nunca realizarle la maniobra frente-mentón si es una víctima no traumática.
d) Sacudir al paciente y preguntarle si se encuentra bien, y si no contesta, considerarlo inconsciente, por lo que se deberá ponerlo boca arriba, para realizar la apertura de la vía aérea, y realizarle la maniobra de elevación o tracción mandibular si es una víctima traumática.

7. ¿Qué aspecto de los que se nombran respecto a las compresiones torácicas de alta calidad es incorrecta?

a) Las respiraciones lentas y trabajosas (agónicas) nunca deberían considerarse como un signo de parada cardiaca.
b) Realiza las compresiones torácicas sobre una superficie firme siempre que sea posible.
c) Comienza la RCP en toda persona inconsciente con una respiración ausente.
d) Las compresiones torácicas se harán sobre el tórax desnudo del paciente.

8. ¿A qué profundidad al menos se comprimirá el tórax en RCP y a qué ritmo por minuto?

a) Se comprimirá al menos a 3 cm, pero no más de 4 cm, a un ritmo de 90-100 compresiones minuto.

b) Se comprimirá al menos a 4 cm, pero no más de 5 cm, a un ritmo de 90-110 compresiones minuto.

c) Se comprimirá al menos a 5 cm, pero no más de 6 cm, a un ritmo de 100-120 compresiones minuto.

d) Se comprimirá al menos a 6 o más cm, a un ritmo de 110-150 compresiones minuto.

9. ¿Cuántas compresiones y ventilaciones hay que realizar de manera periódica en una RCP?

a) 15 compresiones torácicas y 1 ventilación de rescate.
b) 15 compresiones torácicas y 2 ventilaciones de rescate.
c) 30 compresiones torácicas y 2 ventilaciones de rescate.
d) 30 compresiones torácicas y 1 ventilación de rescate.

10. ¿Cuándo se debe interrumpir la RCP?

a) Nunca, se debe insistir.
b) Hasta que un profesional de la salud te indique que no continúes o tú te agotes.
c) Hasta que la víctima definitivamente se está despertando, moviéndose, abriendo los ojos y respirando normalmente.
d) Son ciertas las respuestas b) y c).

11. ¿Qué sistema de administración de oxigenoterapia es de alto flujo?

a) Mascarilla facial con reservorio.
b) Mascarilla Venturi (Ventimask).
c) Gafas nasales.
d) Mascarilla facial simple

12. ¿Cuál es el flujo al que se administra oxigenoterapia con mascarilla para aerosoles nebulizados?

a) Entre 2 y 4 litros/minuto.
b) Entre 6 y 8 litros/minuto.
c) Entre 3 y 15 litros/minuto.
d) Entre 5 y 20 litros/minuto.

13. ¿Qué grado poseerá el esguince donde se da la rotura parcial del ligamento, aparece dolor moderado acompañado de una inestabilidad articular leve, y se manifiesta por hinchazón y dificultad para la deambulación?

a) Grado I.
b) Grado II.
c) Grado III.
d) Grado IV.

14. ¿Cómo se denomina la separación mantenida y completa de las superficies articulares, por la cual la articulación queda desarticulada?

a) Subluxación.
b) Distensión.
c) Esguince.
d) Luxación.

15. ¿Qué tipo de traumatismo craneoencefálico será aquel con una puntuación en la Escala de Glasgow de 12?

a) Traumatismo craneoencefálico leve.
b) Traumatismo craneoencefálico moderado.
c) Traumatismo craneoencefálico grave.
d) Traumatismo craneoencefálico muy grave.

16. ¿Cuál de estas lesiones no es considerada traumatismo torácico?

a) Hemotórax.
b) Volet costal/tórax inestable.
c) Neumotórax a tensión o neumotórax abierto.
d) Son todos los anteriores traumatismos torácicos.

17. ¿Qué atención sanitaria inicial frente a un traumatismo torácico es incorrecta?

a) Valorar la necesidad de O_2.
b) Valoración ABCDE siempre con control cervical.
c) Si te encuentras un objeto enclavado en el tórax, retíralo inmediatamente.
d) Realiza una inspección visual minuciosa de la zona torácica, prestando especial atención a heridas abiertas soplantes.

18. ¿Qué traumatismo abdominal de los que se nombran suele ser cerrado?

a) Aquellos producidos por heridas por arma blanca.
b) Aquellos producidos por heridas por proyectiles de alta velocidad.
c) Aquellos producidos por desaceleración.
d) Son todos traumatismos abiertos.

19. ¿Qué déficits se producirán en lesiones del raquis que afecten a la médula espinal?

a) Déficits sensitivos.
b) Déficits motrices.
c) Déficits sensitivos o motrices.
d) Déficits sensitivos, motrices o mixtos.

20. ¿Qué agente productor de herida es de tipo biológico?

a) Quemadura de origen eléctrico.
b) Animal (mordedura).
c) Corte, por arma afilada.
d) Acción de ácidos fuertes sobre la piel.

En MADTEST tienes **más preguntas de este tema**, y todos tus avances quedan registrados y se reflejan en el ranking.

¡Supera tus límites con MADTEST!

Solución al test n.º 11

1. c) Buscar y resolver aquellas situaciones que generan situaciones de compromiso vital.

2. c) Se corresponde a la letra C y palabra CIRCULACIÓN.

3. a) Signo de Battle.

4. c) La tasa de supervivencia se sitúa entre el 5 y el 10 %.

5. b) Valoración de la escena, garantizando la seguridad del reanimador, de la víctima y de los testigos presentes.

6. d) Sacudir al paciente y preguntarle si se encuentra bien, y si no contesta, considerarlo inconsciente, por lo que se deberá ponerlo boca arriba, para realizar la apertura de la vía aérea, y realizarle la maniobra de elevación o tracción mandibular si es una víctima traumática.

7. a) Las respiraciones lentas y trabajosas (agónicas) nunca deberían considerarse como un signo de parada cardiaca.

8. c) Se comprimirá al menos a 5 cm, pero no más de 6 cm, a un ritmo de 100-120 compresiones minuto.

9. c) 30 compresiones torácicas y 2 ventilaciones de rescate.

10. d) Son ciertas las respuestas b) y c).

11. b) Mascarilla Venturi (Ventimask).

12. b) Entre 6 y 8 litros/minuto.

13. b) Grado II.

14. d) Luxación.

15. b) Traumatismo craneoencefálico moderado.

16. d) Son todos los anteriores traumatismos torácicos.

17. c) Si te encuentras un objeto enclavado en el tórax, retíralo inmediatamente.

18. c) Aquellos producidos por desaceleración.

19. d) Déficits sensitivos, motrices o mixtos.

20. b) Animal (mordedura).

TEST N.º 12

Acuerdo de 30 de abril 2019, del Consejo de Gobierno, por el que se aprueba el Plan Territorial de Protección Civil de la Comunidad de Madrid (PLATERCAM): objeto, grupos de acción. Consejería competente en materia de Sanidad

1. De conformidad con lo dispuesto en la Ley 17/2015, de 9 de julio, del Sistema Nacional de Protección Civil, y del artículo 21.z) de la Ley 1/1983, de 13 de diciembre, de Gobierno y Administración de la Comunidad de Madrid, la competencia para la elaboración y aprobación de los Planes Territoriales cuyo ámbito territorial de aplicación no exceda el de la propia Comunidad Autónoma corresponde:

a) Al Gobierno de la Nación.
b) A la Comunidad de Madrid.
c) Al Ayuntamiento de Madrid.
d) Al Consejo Nacional de Protección Civil.

2. El Acuerdo de 30 de abril de 2019, del Consejo de Gobierno, por el que se aprueba el Plan Territorial de Protección Civil de la Comunidad de Madrid, deja sin efecto el Plan Territorial de Protección Civil de la Comunidad de Madrid, aprobado por el:

a) Decreto 32/1990, de 21 de septiembre.
b) Decreto 44/1990, de 9 de febrero.
c) Decreto 85/1992, de 17 de diciembre.
d) Decreto 87/1993, de 20 de noviembre.

3. ¿Quiénes son considerados órganos superiores de la Administración de la Comunidad de Madrid?

a) Presidenta, Vicepresidenta, Consejeros y Directores Generales.
b) Presidenta, Vicepresidenta, Consejo de Gobierno, Consejeros y Viceconsejeros.
c) Presidente, Vicepresidente, Consejo de Gobierno, Consejeros y Viceconsejeros.
d) Presidente, Vicepresidente, Secretarios Generales Técnicos y Directores Generales.

4. ¿Qué órgano tiene competencia para variar la denominación y número de las Consejerías?

a) El Consejo de Gobierno.
b) La Vicepresidencia.
c) La Presidenta de la Comunidad de Madrid.
d) La Asamblea de Madrid.

5. ¿Cómo se denomina en el Plan Territorial de Protección Civil de la Comunidad de Madrid la zona donde se concentran y organizan los medios de apoyo, así como el personal de reserva del Grupo de Intervención?

a) Zona Base.
b) Zona de Peligro.
c) Zona de Intervención.
d) Zona de Socorro.

6. ¿Quién asume el mando del Grupo de Apoyo Logístico en la situación 2?

a) El responsable de Protección Civil del Ayuntamiento afectado.
b) El organismo que ostente las competencias de coordinación operativa de emergencias en la Comunidad.
c) La Delegación del Gobierno.
d) El Ministerio del Interior.

7. ¿Cómo define el Plan Territorial de Protección Civil de la Comunidad de Madrid (PLATERCAM) la situación en la que personas y bienes y/o medio ambiente están expuestos en mayor o menor medida a un peligro inminente o latente?

a) Riesgo.
b) Amenaza.
c) Exposición.
d) Riesgo.

8. ¿Cuál de las siguientes es una competencia de la Consejería de Sanidad?

a) Gestión de residuos urbanos.
b) Atención farmacéutica
c) Educación primaria.
d) Seguridad ciudadana.

9. ¿Cuál es el Órgano colegiado de carácter consultivo, deliberante, coordinador y con capacidad de informar en materia de protección civil de la Comunidad de Madrid?

a) La Comisión de Protección Civil de la Comunidad de Madrid.
b) El Consejo Autonómico de Protección Civil.
c) La Junta Autonómica de Protección Civil.
d) El Comité Madrileño de Protección Civil.

10. ¿Cómo define el Plan Territorial de Protección Civil de la Comunidad de Madrid (PLATERCAM) el potencial de ocasionar daño en determinadas situaciones a colectivos de personas o bienes que deben ser preservados por la protección civil?

a) Riesgo.
b) Peligro.
c) Amenaza.
d) Exposición.

11. ¿Cómo denomina el Plan Territorial de Protección Civil de la Comunidad de Madrid (PLATERCAM) el lugar donde se ha producido la emergencia y donde tienen lugar, fundamentalmente, las actuaciones del Grupo de Intervención:

a) Zona Base.
b) Zona de Peligro.
c) Zona de Intervención.
d) Zona de Socorro.

12. Señala cuál de los siguientes no es uno de los principios de actuación que rigen la integración de los distintos planes de protección civil entre las administraciones públicas:

a) Buena fe.
b) Complementariedad.
c) Asistencia recíproca.
d) Lealtad institucional.

13. Señala cuál de los siguientes no es uno de los cuatro Grupos de Acción contemplados en el Plan Territorial de Protección Civil de la Comunidad de Madrid:

a) El Grupo de Apoyo Logístico.
b) El Grupo Médico.
c) El Grupo de Seguridad.
d) El Grupo de Intervención.

14. ¿Cuál es el grupo encargado de las operaciones dirigidas a eliminar, reducir o controlar los efectos de la emergencia, actuando sobre la causa que la produce, y controlando su evolución y propagación?

a) El Grupo de Seguridad.
b) El Grupo de Apoyo Logístico.
c) El Grupo de Intervención.
d) El Grupo de Actuación.

15. ¿Quién ejercerá el Mando del Grupo de Seguridad?

a) El miembro de mayor graduación del Cuerpo de Bomberos de la Comunidad de Madrid presente en la emergencia.
b) El responsable de mayor graduación de las Fuerzas y Cuerpos de Seguridad del Estado que se encuentre en el lugar según el ámbito competencial.
c) El mando presente de mayor graduación de la Policía Local, en todo caso.
d) El Jefe de Guardia del SUMMA 112.

16. ¿Qué Grupo o Grupos se encuentra integrado, entre otros, por el Cuerpo de Agentes Forestales de la Comunidad de Madrid?

a) El Grupo Sanitario.
b) El Grupo de Seguridad.
c) El Grupo de Intervención.
d) Las respuestas b) y c) son correctas.

17. ¿Qué Grupo determina las medidas de ingeniería civil necesarias para hacer frente a los riesgos contemplados en el PLATERCAM, para controlar la causa que los produce o aminorar sus consecuencias, así como las necesarias para la rehabilitación de los servicios esenciales afectados?

a) El Grupo de Seguridad.
b) El Grupo de Apoyo Logístico.
c) El Grupo de Intervención.
d) El Grupo de Actuación.

18. ¿Qué Dirección General se encarga de la promoción de la salud y vigilancia epidemiológica?

a) Dirección General de Humanización, Atención y Seguridad del Paciente.
b) Dirección General de Salud Pública.
c) Dirección General de Investigación y Docencia.
d) Dirección General de Inspección y Ordenación Sanitaria.

19. La situación o acontecimiento que altera o interrumpe sustancialmente el funcionamiento de una comunidad o sociedad por ocasionar gran cantidad de víctimas, daños e impactos materiales, cuya atención supera los medios disponibles de la propia comunidad, es definido en el Plan Territorial de Protección Civil de la Comunidad de Madrid (PLATERCAM), como:

a) Cataclismo.
b) Desastre.
c) Catástrofe.
d) Hecatombe.

20. ¿Qué subdirección forma parte de la Dirección General de Salud Pública?

a) Subdirección General de Bioética.
b) Subdirección General de Seguridad Alimentaria y Sanidad Ambiental.
c) Subdirección General de Formación Sanitaria.
d) Subdirección General de Coordinación Normativa.

En MADTEST tienes **más preguntas de este tema**, y todos tus avances quedan registrados y se reflejan en el ranking.

¡Supera tus límites con MADTEST!

Solución al test n.º 12

1. b) A la Comunidad de Madrid.

2. c) Decreto 85/1992, de 17 de diciembre.

3. c) Presidente, Vicepresidente, Consejo de Gobierno, Consejeros y Viceconsejeros.

4. c) La Presidenta de la Comunidad de Madrid.

5. c) Zona de Intervención.

6. b) El organismo que ostente las competencias de coordinación operativa de emergencias en la Comunidad.

7. b) Amenaza.

8. b) Atención farmacéutica

9. a) La Comisión de Protección Civil de la Comunidad de Madrid.

10. b) Peligro.

11. c) Zona de Intervención.

12. a) Buena fe.

13. b) El Grupo Médico.

14. c) El Grupo de Intervención.

15. b) El responsable de mayor graduación de las Fuerzas y Cuerpos de Seguridad del Estado que se encuentre en el lugar según el ámbito competencial.

16. d) Las respuestas b) y c) son correctas.

17. b) El Grupo de Apoyo Logístico.

18. b) Dirección General de Salud Pública.

19. c) Catástrofe.

20. b) Subdirección General de Seguridad Alimentaria y Sanidad Ambiental.

TEST N.º 13

Acuerdo de 30 de abril 2019, del Consejo de Gobierno, por el que se aprueba el Plan Territorial de Protección Civil de la Comunidad de Madrid (PLATERCAM): definición de la situación de emergencia. La planificación de la protección civil: concepto y tipos de planes. Estructura, organización y funciones

1. ¿Cuál es la situación en la que se han producido daños moderados y en la que para su control pueda ser necesaria la activación del Plan Territorial de Protección Civil de la Comunidad de Madrid (PLATERCAM), con la constitución del Puesto de Mando Avanzado y del CECOP?

a) Situación 0.
b) Situación 1.
c) Situación 2.
d) Situación 3.

2. ¿Quién activa el Plan Territorial de Protección Civil de la Comunidad de Madrid (PLATERCAM)?

a) La persona titular del Ministerio del Interior.
b) La persona titular de la Comunidad de Madrid.
c) La persona titular de la Delegación del Gobierno de la Comunidad de Madrid.
d) El Director del Plan Territorial de Protección Civil de la Comunidad de Madrid.

3. ¿A qué Grupo le corresponde la función de habilitar en zonas seguras de aparcamiento, carga de ambulancias y vías de acceso preferentes al lugar?

a) Al Grupo de Apoyo Logístico.
b) Al Grupo de Acción.
c) Al Grupo de Seguridad.
d) Al Grupo de Intervención.

4. ¿En qué situación se pueden aplicar medidas reparadoras referidas a la rehabilitación de los servicios públicos esenciales, cuando la carencia de estos servicios constituya, por sí misma, una emergencia o perturbe el desarrollo de las operaciones?

a) En la situación 0.
b) En la situación 1.
c) En la situación 2.
d) En todas las situaciones anteriores.

5. Señala cuál de las siguientes no es una de las funciones propias del Grupo Sanitario:

a) Llevar el control sobre los datos, estado y ubicación de las personas afectadas.
b) Habilitar y poner en funcionamiento, con carácter de urgencia equipamientos que puedan requerir otros grupos de acción para el desarrollo de su labor.
c) Dar pautas individuales y colectivas de conducta de autoprotección sanitaria adecuadas a la situación, tanto a los afectados como a los Grupos de Acción.
d) Organizar el voluntariado psicosocial que pueda incorporarse a la emergencia.

6. Atender al auxilio material y el socorro alimentario de la población afectada y de los integrantes de los Grupos de Acción es una función propia de:

a) El Grupo de Apoyo Logístico.
b) El Grupo de Acción.
c) El Grupo de Seguridad.
d) El Grupo de Intervención.

7. En la situación 3, ¿a quién corresponde la dirección de las actuaciones de los medios y recursos de la Administración del Estado?

a) A la persona titular del Ministerio del Interior.
b) A la persona titular de la Secretaría de Estado de Seguridad.
c) A la persona titular de la Delegación del Gobierno.
d) A la persona titular de la Consejería competente en materia de protección civil.

8. ¿Qué Plan se elabora para hacer frente a los diferentes riesgos que se puedan presentar en el territorio de la Comunidad Autónoma o de una Entidad Local, estableciendo la forma en la que se van a estructurar y organizar los recursos?

a) El Plan Especial.
b) El Plan Autonómico.
c) El Plan Territorial.
d) El Plan Local.

9. ¿A quién corresponde la aprobación del Plan Territorial de Protección Civil de la Comunidad de Madrid (PLATERCAM)?

a) Al Consejo de Ministros.
b) El Consejo Nacional de Protección Civil.
c) Al Consejo de Gobierno de la Comunidad de Madrid.
d) A la Comisión de Protección Civil de la Comunidad de Madrid.

10. ¿En qué situación el PLATERCAM no está plenamente activo, aunque pueden activarse parte de sus medios en proporción a las acciones a ejecutar y para aminorar los tiempos de respuesta pueden transmitirse alertas a los Grupos de Acción y, si es necesario, preparar la adopción de alguna medida de protección?

a) En la situación 0.
b) En la situación 1.
c) En la situación 2.
d) En la situación 3.

11. ¿Dónde deberán ser inscritos los datos de los planes de autoprotección relevantes para la protección civil?

a) En el Registro de Datos de Protección Civil de la Comunidad de Madrid.
b) En el Registro General de Protección Civil de la Comunidad de Madrid.
c) En el Registro de Datos de Planes de Autoprotección de la Comunidad de Madrid.
d) En el Registro General del Consejo Nacional de Protección Civil.

12. Señala una de las funciones de los Planes Territoriales de ámbito local:

a) Establecer los sistemas de integración con el PLATERCAM.
b) Definir la estructura y la operatividad de los recursos locales para hacer frente a las emergencias que puedan darse en el ámbito territorial.
c) Identificar los riesgos que afectan al territorio.
d) Todas las respuestas son correctas.

13. ¿Cuál es el órgano de trabajo del Director del Plan, tanto para la coordinación de planes de distinta situación operativa como de las acciones en ejecución y gestión de medios?

a) El Centro Operativo de Coordinación.
b) El Centro de Coordinación.
c) El Centro de Coordinación Operativa.
d) El Centro de Coordinación y Seguimiento Operativo.

14. ¿A quién corresponderá la dirección de la emergencia cuando la emergencia sea declarada de interés nacional?

a) Al Consejero competente en materia de protección civil de la Comunidad de Madrid.
b) A la persona titular de la Agencia de Seguridad y Emergencias Madrid 112.
c) Al Delegado del Gobierno en Madrid.
d) A un Comité de Dirección.

15. ¿Cuál es la situación en la que se han producido daños extensos y en la que para su control o la puesta en práctica de las necesarias medidas de protección de las personas, los bienes y/o el medio ambiente se prevé el concurso de medios de intervención no asignados al PLATERCAM y pueden ser proporcionados por la Administración del Estado o Administraciones Locales?

a) La situación 0.
b) La situación 1.
c) La situación 2.
d) La situación 3.

16. ¿Cuál es la estructura oficial encargada de recabar, elaborar, difundir y distribuir la información oficial generada por la emergencia?

a) El Gabinete de Prensa.
b) El Comité de Dirección.
c) El Gabinete de Información.
d) El Centro de Coordinación Operativa.

17. ¿Cuál es el órgano de trabajo del Director del Plan en el lugar de la emergencia, pero situado fuera de los posibles efectos de la misma?

a) El Centro de Coordinación Operativa.
b) El Comité Asesor.
c) El Puesto de Mando Avanzado.
d) El Director de Operaciones.

18. ¿A quién corresponde la difusión de la emergencia a los medios de comunicación social?

a) Al Director de Operaciones.
b) Al Comité de Dirección.
c) A la persona titular de la Agencia de Seguridad y Emergencias Madrid 112.
d) Al Gabinete de Información.

19. ¿Cuál es la situación en la que no existe riesgo para la población y se declara ante emergencias de ámbito municipal controladas mediante respuesta local, en las que el PLATERCAM realiza funciones de seguimiento, evaluación y garantiza, en su caso, la prestación de los apoyos correspondientes?

a) La situación 0.
b) La situación 1.
c) La situación 2.
d) La situación 3.

20. ¿Cómo se denominan los Planes que tienen por finalidad hacer frente a una emergencia ocasionada por un riesgo concreto?

a) Planes Particulares.
b) Planes Singulares.
c) Planes Específicos.
d) Planes Especiales.

En MADTEST tienes **más preguntas de este tema**, y todos tus avances quedan registrados y se reflejan en el ranking.

¡Supera tus límites con MADTEST!

Solución al test n.º 13

1. b) Situación 1.

2. d) El Director del Plan Territorial de Protección Civil de la Comunidad de Madrid.

3. c) Al Grupo de Seguridad.

4. c) En la situación 2.

5. b) Habilitar y poner en funcionamiento, con carácter de urgencia equipamientos que puedan requerir otros grupos de acción para el desarrollo de su labor.

6. a) El Grupo de Apoyo Logístico.

7. c) A la persona titular de la Delegación del Gobierno.

8. c) El Plan Territorial.

9. c) Al Consejo de Gobierno de la Comunidad de Madrid.

10. a) En la situación 0.

11. c) En el Registro de Datos de Planes de Autoprotección de la Comunidad de Madrid.

12. d) Todas las respuestas son correctas.

13. c) El Centro de Coordinación Operativa.

14. d) A un Comité de Dirección.

15. c) La situación 2.

16. c) El Gabinete de Información.

17. c) El Puesto de Mando Avanzado.

18. d) Al Gabinete de Información.

19. a) La situación 0.

20. d) Planes Especiales.

TEST N.º 14

Real Decreto 836/2012, de 25 de mayo: Clases de vehículos de transporte sanitario por carretera y dotación de personal. Conocimiento y control del equipamiento y material necesario para el transporte sanitario medicalizado y de urgencias. Sistemas de almacenaje. Normas de seguridad e higiene aplicadas a materiales sanitarios. Gestión de residuos sanitarios. Decreto 83/1999, de 3 de junio, por el que se regulan las actividades de producción y de gestión de los residuos biosanitarios y citotóxicos en la comunidad de Madrid: artículo 3: Clasificación de los residuos sanitarios Conocimiento y manejo en emisoras de radio y equipos de comunicación

1. ¿En qué grupo se clasifica el papel, cartón y restos de comida generados en un hospital, sin contaminación adicional?

a) Grupo II.
b) Grupo I.
c) Grupo III.
d) Grupo V.

2. El material de curas (gasas y guantes) procedente de un paciente no infeccioso, con mínima suciedad biológica, corresponde a:

a) Grupo II.
b) Grupo III.
c) Grupo I.
d) Grupo V.

3. Una bolsa que contiene sangre en estado líquido debe gestionarse como:

a) Grupo I.
b) Grupo II.
c) Grupo III.
d) Grupo V.

4. ¿Dónde se desecha una aguja hipodérmica usada sin reencapsular?

a) Bolsa de Grupo II.
b) Contenedor rígido de punzantes (Grupo III).
c) Bolsa de RSU (Grupo I).
d) Contenedor de citotóxicos (Grupo V).

5. Un vial vacío que ha contenido quimioterápico antineoplásico se clasifica como:

a) Grupo III.
b) Grupo II.
c) Grupo V.
d) Grupo I.

6. Restos anatómicos identificables (por ejemplo, un segmento de miembro) deben considerarse:

a) Grupo I.
b) Grupo II.
c) Grupo III (especial: anatómicos identificables).
d) Grupo V.

7. Los cultivos y medios de cultivo procedentes de laboratorio microbiológico son:

a) Grupo II.
b) Grupo I.
c) Grupo III.
d) Grupo V.

8. Los residuos químicos peligrosos no citotóxicos (p. ej., formol, disolventes) se consideran:

a) Grupo IV.
b) Grupo II.
c) Grupo V.
d) Grupo I.

9. Un contenedor correctamente identificado para citotóxicos/citostáticos debe usarse para:

a) Gasas con sangre no líquida.
b) Agujas limpias no usadas.
c) Equipos de infusión contaminados con quimioterapia.
d) Papel de oficina.

10. Los residuos radiactivos generados en medicina nuclear:

a) Se gestionan como Grupo III.
b) Se gestionan como Grupo V.
c) Se rigen por normativa específica ajena al circuito ordinario del D. 83/1999.
d) Deben ir al RSU si son de baja actividad.

11. Según el Decreto 83/1999, ¿cuál de los siguientes tipos de residuos está explícitamente excluido del ámbito de aplicación para sus actividades de producción y gestión?

a) Residuos biosanitarios asimilables a urbanos (Clase II).
b) Residuos citotóxicos (Clase VI).
c) Cadáveres y restos humanos de entidad suficiente (Clase IV).
d) Residuos biosanitarios especiales (Clase III).

12. Sobre las características de los envases para residuos biosanitarios especiales (Clase III), según el Decreto 83/1999, ¿cuál de las siguientes afirmaciones es correcta?

a) Los envases semirrígidos para residuos biosanitarios especiales no deben superar los 70 litros de volumen.
b) Las bolsas para residuos biosanitarios especiales deben ser de color verde y fabricadas con una galga mínima de 200.
c) Los envases rígidos o semirrígidos para estos residuos deben ser opacos, impermeables, resistentes a la perforación y señalizados con el pictograma de Biopeligroso.
d) Para residuos punzantes o cortantes, se permite la utilización de botes o botellas si son impermeables.

13. Respecto a la autorización y registro de productores de residuos biosanitarios y citotóxicos, según el Decreto 83/1999, ¿cuál de las siguientes afirmaciones es correcta?

a) La autorización para la producción de residuos biosanitarios y citotóxicos se concede por un plazo máximo de cinco años, prorrogable automáticamente.
b) Los centros sanitarios que no tengan unidades específicas como laboratorio de anatomía patológica o servicio de urgencias con dotación para infecciosos, están exentos de la autorización y de la elaboración del Plan de Ordenación, pero deben solicitar su inscripción en el Registro.
c) La Consejería de Medio Ambiente y Desarrollo Regional debe resolver sobre la autorización y aprobación del Plan en un plazo máximo de tres meses.
d) En caso de modificaciones en las prácticas internas de ordenación de residuos que afecten al Plan, no es necesario notificar a la Consejería si no implican un cambio en la cantidad total de residuos generados.

14. Respecto a la frecuencia de retirada y almacenamiento de los residuos bio-sanitarios especiales y residuos citotóxicos, según el Decreto 83/1999, ¿cuál de las siguientes afirmaciones es correcta?

a) La evacuación de los contenedores de residuos biosanitarios o citotóxicos del depósito intermedio debe realizarse, como mínimo, cada 48 horas.

b) Para un centro con una producción media mensual de 700 kilogramos de residuos biosanitarios especiales, la frecuencia de retirada debe ser de quince días.

c) Entre la recepción de residuos citotóxicos por un gestor intermedio y su entrega al gestor final, el plazo no puede superar los siete días, a menos que se mantengan refrigerados a menos de 4°C, en cuyo caso puede ser de hasta dos meses.

d) Los residuos biosanitarios especiales recepcionados por el gestor final pueden almacenarse hasta siete días sin refrigeración.

15. Según el Decreto 83/1999, en relación con la eliminación de residuos biosanitarios y citotóxicos, ¿cuál de las siguientes afirmaciones es FALSA?

a) Se prohíbe cualquier forma de reciclado o reutilización de residuos biosanitarios especiales o de residuos citotóxicos.

b) Los residuos biosanitarios asimilables a urbanos podrán eliminarse en vertederos controlados y plantas de incineración autorizados para residuos urbanos.

c) Los residuos citotóxicos pueden ser tratados en autoclave convencional si no es posible la incineración.

d) Los residuos biosanitarios líquidos, como sangre y derivados (excepto Grupo I del Anexo Primero), pueden eliminarse mediante vertido por un desagüe conectado a la red de saneamiento sin desinfección previa.

16. Los residuos biosanitarios no específicos se caracterizan por:

a) Presentar riesgo biológico significativo fuera del centro sanitario.

b) Tener un riesgo de infección limitado al interior del centro sanitario.

c) Ser siempre residuos biosanitarios especiales.

d) Requerir gestión exclusiva mediante incineración.

17. ¿Cuál de los siguientes materiales corresponde a un residuo biosanitario no específico?

a) Restos anatómicos identificables.

b) Guantes usados en la cura de un paciente no infeccioso.

c) Bolsas con sangre líquida.

d) Material contaminado con quimioterápicos.

18. Las bolsas o envases destinados a residuos biosanitarios no específicos deben ser:

a) De color rojo, con galga mínima 300.
b) Opacos, impermeables, resistentes a la humedad y de galga mínima 200.
c) Transparentes y con pictograma de biopeligroso obligatorio.
d) De papel o cartón reciclado con cierre mecánico.

19. En cuanto a la gestión, los residuos biosanitarios no específicos:

a) Deben gestionarse exclusivamente por empresas de residuos urbanos.
b) Se eliminan por gestores autorizados, pudiendo eliminarse junto con residuos urbanos.
c) Están prohibidos en vertederos controlados.
d) Deben incinerarse siempre en instalaciones para residuos peligrosos.

20. ¿Qué símbolo deben llevar obligatoriamente las bolsas de residuos biosanitarios no específicos?

a) El pictograma internacional de biopeligroso.
b) Ninguno, salvo que el protocolo interno del centro lo exija.
c) El símbolo de riesgo químico.
d) El emblema de residuo infeccioso de clase III.

En MADTEST tienes **más preguntas de este tema**, y todos tus avances quedan registrados y se reflejan en el ranking.

¡Supera tus límites con MADTEST!

Solución al test n.º 14

1. b) Grupo I.

2. a) Grupo II.

3. c) Grupo III.

4. b) Contenedor rígido de punzantes (Grupo III).

5. c) Grupo V.

6. c) Grupo III (especial: anatómicos identificables).

7. c) Grupo III.

8. a) Grupo IV.

9. c) Equipos de infusión contaminados con quimioterapia.

10. c) Se rigen por normativa específica ajena al circuito ordinario del D. 83/1999.

11. c) Cadáveres y restos humanos de entidad suficiente (Clase IV).

12. c) Los envases rígidos o semirrígidos para estos residuos deben ser opacos, impermeables, resistentes a la perforación y señalizados con el pictograma de Biopeligroso.

13. b) Los centros sanitarios que no tengan unidades específicas como laboratorio de anatomía patológica o servicio de urgencias con dotación para infecciosos, están exentos de la autorización y de la elaboración del Plan de Ordenación, pero deben solicitar su inscripción en el Registro.

14. c) Entre la recepción de residuos citotóxicos por un gestor intermedio y su entrega al gestor final, el plazo no puede superar los siete días, a menos que se mantengan refrigerados a menos de 4°C, en cuyo caso puede ser de hasta dos meses.

15. c) Los residuos citotóxicos pueden ser tratados en autoclave convencional si no es posible la incineración.

16. b) Tener un riesgo de infección limitado al interior del centro sanitario.

17. b) Guantes usados en la cura de un paciente no infeccioso.

18. b) Opacos, impermeables, resistentes a la humedad y de galga mínima 200.

19. b) Se eliminan por gestores autorizados, pudiendo eliminarse junto con residuos urbanos.

20. b) Ninguno, salvo que el protocolo interno del centro lo exija.

TEST N.º 15

Plan de calidad para el Sistema Nacional de Salud de 2010: áreas de actuación; estrategias y objetivos. Estrategia de Seguridad del paciente del Servicio Madrileño de Salud 2027, Línea Estratégica 7.2: "Urgencias y Emergencias"

1. ¿Qué documento establece la Estrategia de Seguridad del Paciente del Servicio Madrileño de Salud para el periodo hasta 2027?

a) Real Decreto 1397/2007.
b) Plan de Calidad para el Sistema Nacional de Salud de 2010.
c) Estrategia de Seguridad del Paciente del Servicio Madrileño de Salud 2027.
d) Resolución de 16 de junio de 2021.

2. De acuerdo con la 'Estrategia de Seguridad del Paciente del Servicio Madrileño de Salud 2027', ¿qué elementos se recogen como básicos para la consecución de las medidas de seguridad en la Consejería de Sanidad?

a) Solo el Plan de seguridad del paciente.
b) El Plan de seguridad del paciente, el Responsable de seguridad del paciente y la Comisión de seguridad del paciente.
c) Únicamente el Observatorio Regional de Seguridad del Paciente.
d) La Subdirección General de Calidad Asistencial.

3. ¿Qué entidad coordina el despliegue de la seguridad del paciente en la Consejería de Sanidad, incluyendo los objetivos institucionales para hospitales, Atención Primaria y SUMMA 112?

a) El Director General de Recursos Humanos y Relaciones Laborales.
b) La Dirección General de Humanización y Atención al Paciente, a través de la Subdirección General de Calidad Asistencial.
c) El Comité Operativo de Seguridad del Paciente.
d) El Tribunal Calificador.

4. Según el Plan de Calidad para el Sistema Nacional de Salud de 2010, ¿cuál es el objetivo primario de un sistema de notificación de incidentes relacionados con la seguridad del paciente?

a) Identificar y sancionar al personal sanitario involucrado en el incidente.
b) Mejorar la seguridad aprendiendo de los errores.
c) Recopilar datos para estudios epidemiológicos únicamente.
d) Publicar estadísticas de errores para el público general.

5. La 'Estrategia de Seguridad del Paciente del Servicio Madrileño de Salud 2027' se organiza en un número determinado de líneas estratégicas principales. ¿Cuántas líneas estratégicas principales se definieron inicialmente antes de cualquier subdivisión de estas?

a) 7.
b) 12.
c) 23.
d) 92.

6. En el análisis DAFO de la 'Estrategia de Seguridad del Paciente del Servicio Madrileño de Salud 2027', ¿cuál de los siguientes elementos se identificó como una debilidad?

a) Refuerzo de la seguridad del paciente como prioridad mundial.
b) Publicación de legislación específica sobre seguridad del paciente.
c) Alta prevalencia de incidentes sin daño en hospitales.
d) La extensión del sistema de gestión y aprendizaje sobre los incidentes de seguridad (CISEMadrid) al SUMMA 112.

7. ¿Cuál es uno de los factores más relevantes identificados en las urgencias extra-hospitalarias que puede generar incidentes y efectos adversos, según la Estrategia de Seguridad del Paciente del Servicio Madrileño de Salud 2027?

a) La excesiva burocracia en los trámites administrativos.
b) La falta de herramientas de diagnóstico avanzadas.
c) La inmediatez en la atención, la ausencia de información completa y las órdenes verbales.
d) La escasez de camas en los servicios de hospitalización.

8. Según la 'Estrategia de Seguridad del Paciente del Servicio Madrileño de Salud 2027', ¿qué se impulsa para la mejora de la identificación del paciente en urgencias y emergencias?

a) La implementación de un sistema de reconocimiento facial avanzado.
b) La creación de un registro biométrico nacional.
c) Actuaciones para garantizar la identificación inequívoca del paciente, incluyendo los traslados entre centros.
d) La utilización exclusiva de pulseras de identificación con código QR.

9. ¿Qué tipo de reuniones se recomienda desarrollar para mejorar la comunicación y la transferencia de información en los servicios de urgencias y emergencias, de acuerdo con la Estrategia?

a) Reuniones mensuales con el personal de limpieza.
b) Reuniones tipo 'briefing y debriefing'.
c) Conferencias anuales sobre nuevas tecnologías.
d) Sesiones informativas sobre legislación laboral.

10. En el contexto de la 'Línea estratégica 7.2: Urgencias y Emergencias', ¿qué se impulsa para la seguridad en situaciones específicas con respecto a los Planes de Atención a Incidentes de Múltiples Víctimas (IMV)?

a) Su eliminación por considerarse obsoletos.
b) La creación de nuevos equipos especializados en comunicación.
c) La actualización y despliegue de los Planes de Atención a Incidentes de Múltiples Víctimas (IMV).
d) La centralización de todos los recursos en un único punto.

11. ¿Cuál de las siguientes acciones se promueve para mejorar la seguridad en urgencias y emergencias, según los objetivos estratégicos de la Línea 7.2?

a) La reducción del personal sanitario para optimizar recursos.
b) El aumento de la burocracia para garantizar el registro exhaustivo.
c) La elaboración de mapas de riesgos en servicios de urgencias y emergencias.
d) La limitación del acceso a la formación en seguridad del paciente.

12. Un indicador de cultura de seguridad en la Línea Estratégica 7.2 es:

a) Tasa de incidentes notificados/1000 asistencias.
b) Número de ambulancias disponibles.
c) Porcentaje de pacientes con pulsera.
d) Tiempo de espera en consulta externa.

13. Una acción de 'aprendizaje organizativo' en la Línea Estratégica 7.2 es:

a) Sancionar errores no intencionales.
b) Debriefing tras casos críticos y análisis causa raíz de eventos graves.
c) No notificar casi-incidentes por no ser dañosos.
d) Cambiar protocolos sin medir impacto.

14. Indica un ejemplo de práctica segura prioritaria en procedimientos:

a) Reencapsular agujas para evitar pinchazos.
b) Usar checklists de vía aérea y analgesia/sedación.

c) Evitar capnografía para ahorrar batería.

d) Colocar torniquete solo en hospital.

15. Dentro de la Línea Estratégica 7.2: 'Urgencias y Emergencias' de la 'Estrategia de Seguridad del Paciente del Servicio Madrileño de Salud 2027', ¿qué impacto se espera de la implementación conjunta de la identificación inequívoca del paciente y las reuniones tipo 'briefing y debriefing'?

a) La identificación universalmente legible por biometría eliminará las órdenes verbales y centralizará la toma de decisiones.

b) Se busca que el identificador común asegure el acceso continuo a la historia clínica y los briefings/debriefings estructuren la comunicación, reduciendo la dependencia de la memoria y mejorando la transferencia de información.

c) La combinación se orienta solo a incidentes múltiples, mediante pulseras con códigos de riesgo y debriefings post-incidente.

d) La estrategia se centra en elaborar mapas de riesgo regionales y estandarizar indicadores de seguridad.

16. ¿Cuál es una de las causas más relevantes de eventos adversos en los servicios de urgencias y emergencias?

a) El exceso de personal sanitario disponible.

b) La elevada dotación tecnológica.

c) La inmediatez en la atención y la ausencia de información completa.

d) La baja complejidad de los casos tratados.

17. ¿Qué instrumento propone la Línea Estratégica 7.2 para identificar y evaluar los riesgos en los servicios de urgencias y emergencias?

a) Los informes de alta hospitalaria.

b) Los mapas de riesgos.

c) Los protocolos de derivación asistencial.

d) Las auditorías financieras.

18. ¿Qué elemento se considera fundamental para garantizar la identificación inequívoca del paciente en urgencias y emergencias?

a) La asignación manual de camas.

b) El uso de pulseras identificativas y un identificador común a lo largo del itinerario asistencial.

c) El registro verbal de datos por parte del personal.

d) La comunicación por radio entre servicios.

19. Según la Línea Estratégica 7.2, ¿qué objetivo busca mejorar la comunicación y la transferencia de información en los servicios de urgencias?

a) Reducir el número de pacientes atendidos.

b) Garantizar la transmisión efectiva, completa y precisa de la información clínica entre profesionales y niveles asistenciales.

c) Eliminar la necesidad de reuniones entre equipos.

d) Disminuir el tiempo de estancia del paciente en urgencias.

20. ¿Cuál es el propósito principal de los Planes de Atención a Incidentes de Múltiples Víctimas (IMV)?

a) Controlar los recursos administrativos durante emergencias menores.

b) Sustituir los protocolos de atención hospitalaria.

c) Coordinar y optimizar la respuesta ante emergencias con gran número de afectados.

d) Evitar la comunicación entre los distintos intervinientes.

En MADTEST tienes **más preguntas de este tema**, y todos tus avances quedan registrados y se reflejan en el ranking.

¡Supera tus límites con MADTEST!

Solución al test n.º 15

1. c) Estrategia de Seguridad del Paciente del Servicio Madrileño de Salud 2027.

2. b) El Plan de seguridad del paciente, el Responsable de seguridad del paciente y la Comisión de seguridad del paciente.

3. b) La Dirección General de Humanización y Atención al Paciente, a través de la Subdirección General de Calidad Asistencial.

4. b) Mejorar la seguridad aprendiendo de los errores.

5. b) 12.

6. d) La extensión del sistema de gestión y aprendizaje sobre los incidentes de seguridad (CISEMadrid) al SUMMA 112.

7. c) La inmediatez en la atención, la ausencia de información completa y las órdenes verbales.

8. c) Actuaciones para garantizar la identificación inequívoca del paciente, incluyendo los traslados entre centros.

9. b) Reuniones tipo 'briefing y debriefing'.

10. c) La actualización y despliegue de los Planes de Atención a Incidentes de Múltiples Víctimas (IMV).

11. c) La elaboración de mapas de riesgos en servicios de urgencias y emergencias.

12. a) Tasa de incidentes notificados/1000 asistencias.

13. b) Debriefing tras casos críticos y análisis causa raíz de eventos graves.

14. b) Usar checklists de vía aérea y analgesia/sedación.

15. b) Se busca que el identificador común asegure el acceso continuo a la historia clínica y los briefings/debriefings estructuren la comunicación, reduciendo la dependencia de la memoria y mejorando la transferencia de información.

16. c) La inmediatez en la atención y la ausencia de información completa.

17. b) Los mapas de riesgos.

18. b) El uso de pulseras identificativas y un identificador común a lo largo del itinerario asistencial.

19. b) Garantizar la transmisión efectiva, completa y precisa de la información clínica entre profesionales y niveles asistenciales.

20. c) Coordinar y optimizar la respuesta ante emergencias con gran número de afectados.

Mantenimiento preventivo del vehículo de Emergencias: medidas técnicas de prevención durante la conducción de vehículos de emergencias. Real Decreto 1428/2003, de 21 de noviembre por el que aprueba el Reglamento General de Circulación: Sección 4ª Vehículos en servicios de urgencia: Artículos 67, 68, 69 y 70

1. ¿Qué hacer cuando el motor está clavado y es imposible realizar el giro, debido a que los aros están pegados?

a) Suelen fundirse los pistones y por ello, la solución suele pasar por rectificar.
b) Girar hacia atrás el motor y comprobar marcas.
c) Desmontar bujías, echar aceite e ir haciéndolo girar poco a poco.
d) Echar agua caliente en la carcasa de la bomba de agua y por el circuito.

2. ¿Cuál es el motivo de que el motor esté gripado?

a) Que haya fallos en calefacción o/y refrigeración.
b) Que haya fallos en lubricación.
c) Que haya fallos en calefacción o refrigeración.
d) Que haya fallos en lubricación o refrigeración.

3. ¿Qué se debe comprobar en primer lugar si falta gasolina, porque el combustible no llega al carburador o a la bomba?

a) El estado de llenado del depósito, que el orificio de aireación del mismo esté en buen estado y que la gasolina sea de buena calidad.
b) El equipo de inyección, que existe estanqueidad del circuito, el estado de sonda de temperatura, el caudalímetro y el módulo electrónico.
c) La bomba de gasolina y el circuito de alimentación.
d) El carburador, y para ello se debe verificar el nivel en cuba y las tomas de aire en juntas.

4. ¿Qué se debe comprobar del caudalímetro cuando hay falta de gasolina en el vehículo, porque el combustible no llega al carburador o a la bomba?

a) Estado mecánico.
b) Alimentación.
c) Masa y resistencia.
d) Todo lo anterior.

5. ¿Cuál suele ser la causa de que los electrodos estén muy desgastados de las bujías y haya fallos en encendido?

a) Bujías sucias (mucha carbonilla pegada).
b) Bujías contactan con agua.
c) Bujías viejas.
d) Nada de lo anterior.

6. ¿Cuál debe ser en la bobina de encendido la resistencia del secundario?

a) 3 a 4 Ω.
b) 150 Ω.
c) 1.500 Ω.
d) 15.000 Ω.

7. Las bujías viejas dan:

a) Acúmulo de carbonilla.
b) Entrada de agua por la junta de culata.
c) Fugas de tensión.
d) Falta de estanqueidad cilindro-pistón.

8. ¿Qué se debe hacer cuando existe un desgaste de las válvulas por estar estas pisadas?

a) Esmerilar válvulas.
b) Reglar taqués.
c) Cambiarlas por otras nuevas.
d) Esmerilar asiento de válvulas.

9. El termostato debe abrir a:

a) 40-50 ºC.
b) 50-60 ºC.
c) 60-70 ºC.
d) 80-90 ºC.

10. ¿Dónde debe ser buscada en primer lugar la causa cuando existe un consumo exagerado de gasolina?

a) Fugas de combustible por el depósito, el aforador, circuito o bomba.
b) Carburador o inyección defectuosos.
c) Puesta a punto del encendido.
d) Resistencias anormales.

11. Según el Artículo 67 del Reglamento General de Circulación, ¿cuándo tienen prioridad de paso los vehículos de servicios de urgencia, sean públicos o privados?

a) Siempre que lleven encendidas las luces de emergencia.
b) Únicamente cuando se encuentren en servicio de tal carácter.
c) Solo si son vehículos de servicios públicos y están en servicio.
d) Cuando circulen por vías urbanas y exista una congestión de tráfico.

12. De acuerdo con el Artículo 68.1, ¿qué deben hacer los conductores de vehículos prioritarios respecto a las normas de circulación?

a) Están totalmente exentos de cumplir cualquier norma del reglamento.
b) Deben observar los preceptos del reglamento, pero pueden dejar de cumplir bajo su exclusiva responsabilidad las normas de los títulos II, III y IV, salvo órdenes de agentes.
c) Solo pueden dejar de cumplir las normas de velocidad, pero no otras.
d) Pueden ignorar las órdenes y señales de los agentes si están en un servicio de extrema urgencia.

13. Según el Artículo 68.2, ¿qué señalización deben utilizar los vehículos prioritarios (policía, extinción de incendios, protección civil y salvamento, y asistencia sanitaria) cuando circulan en servicio urgente?

a) Exclusivamente la señal luminosa V-1.
b) La utilización simultánea de la señal luminosa y del aparato emisor de señales acústicas especiales.
c) Únicamente el aparato emisor de señales acústicas especiales.
d) Cualquier señalización que consideren apropiada en el momento.

14. ¿Qué deben hacer los demás conductores cuando un vehículo de policía, que manifiesta su presencia según el Artículo 68.2, se sitúa detrás de su vehículo y activa un dispositivo de emisión de luz roja intermitente o destellante hacia adelante (Artículo 69.2)?

a) Acelerar para despejar la vía lo antes posible.
b) Detenerse con precauciones en el lado derecho, delante del vehículo policial, en un lugar seguro y permanecer en su interior.
c) Apartarse a la izquierda y continuar la marcha.
d) Ignorar la señal si no hay riesgo inminente de accidente.

15. Un conductor de un vehículo no prioritario se ve obligado a realizar un servicio de urgencia debido a circunstancias especialmente graves y sin poder recurrir a otro medio. ¿Qué acciones debe tomar para advertir su situación especial, según el Artículo 70.1?

a) Poner solo las luces de posición y el avisador acústico de forma intermitente.

b) Agitar un pañuelo o procedimiento similar, y respetar rigurosamente todas las normas de circulación.

c) Utilizar el avisador acústico en forma intermitente y conectar la luz de emergencia, si se dispusiera de ella, o agitar un pañuelo o procedimiento similar.

d) Activar las luces de largo alcance y tocar la bocina de forma continua.

16. ¿Quién es el responsable de determinar los lugares específicos donde deben situarse los vehículos de servicios de urgencia o de otros servicios especiales en una zona de intervención, según el Artículo 5.4?

a) El conductor del vehículo de urgencia, según su criterio.

b) El personal de asistencia sanitaria presente en el lugar.

c) El organismo autónomo Jefatura Central de Tráfico o la autoridad autonómica o local responsable de la regulación del tráfico, o sus agentes.

d) La policía local de la zona.

17. Un conductor de un vehículo de asistencia sanitaria en servicio de urgencia es sometido a una prueba de alcoholemia. ¿Cuál es la tasa máxima de alcohol permitida en sangre para este conductor, según el Artículo 20?

a) 0,5 gramos por litro.

b) 0,25 miligramos por litro en aire espirado.

c) 0,3 gramos por litro.

d) 0,15 miligramos por litro en aire espirado.

18. ¿Qué vehículos de emergencia tienen permitido circular por los carriles reservados para vehículos con alta ocupación (VAO) según el Artículo 35.2.c)?

a) Solo los vehículos de policía y los de extinción de incendios en servicio urgente.

b) Los vehículos de policía, extinción de incendios, protección civil y salvamento, y asistencia sanitaria en servicio de urgencia.

c) Únicamente los vehículos de asistencia sanitaria, públicos o privados.

d) Cualquier vehículo en servicio de urgencia, siempre que lleve a dos o más ocupantes.

19. Según el Artículo 119.2.c), ¿cuál es la situación correcta con respecto a la exención del uso del cinturón de seguridad para los conductores y pasajeros de vehículos en servicios de urgencia?

a) Están exentos de usarlo siempre que circulen en servicio de urgencia, tanto en poblado como fuera.

b) No tienen ninguna exención, deben usarlo siempre.

c) Están exentos cuando circulen en poblado, pero en ningún caso cuando lo hagan por autopistas, autovías o carreteras convencionales.

d) Están exentos solo si el vehículo no dispone de cinturones de seguridad instalados.

20. Si por motivos de emergencia un conductor queda inmovilizado con su vehículo dentro de un túnel o paso inferior, ¿cuál de las siguientes acciones NO debe realizar, según el Artículo 97.3?

a) Apagar el motor y conectar la señal de emergencia.

b) Dirigirse rápidamente al refugio o salida más próximos, sin transitar por la calzada.

c) Solicitar auxilio sin demora a través del poste SOS más próximo.

d) Permanecer en el vehículo y esperar a que llegue la ayuda.

En MADTEST tienes **más preguntas de este tema**, y todos tus avances quedan registrados y se reflejan en el ranking.

¡Supera tus límites con MADTEST!

Solución al test n.º 16

1. c) Desmontar bujías, echar aceite e ir haciéndolo girar poco a poco.

2. d) Que haya fallos en lubricación o refrigeración.

3. a) El estado de llenado del depósito, que el orificio de aireación del mismo esté en buen estado y que la gasolina sea de buena calidad.

4. d) Todo lo anterior.

5. c) Bujías viejas.

6. d) 15.000 Ω.

7. c) Fugas de tensión.

8. b) Reglar taqués.

9. d) 80-90 ºC.

10. c) Puesta a punto del encendido.

11. b) Únicamente cuando se encuentren en servicio de tal carácter.

12. b) Deben observar los preceptos del reglamento, pero pueden dejar de cumplir bajo su exclusiva responsabilidad las normas de los títulos II, III y IV, salvo órdenes de agentes.

13. b) La utilización simultánea de la señal luminosa y del aparato emisor de señales acústicas especiales.

14. b) Detenerse con precauciones en el lado derecho, delante del vehículo policial, en un lugar seguro y permanecer en su interior.

15. c) Utilizar el avisador acústico en forma intermitente y conectar la luz de emergencia, si se dispusiera de ella, o agitar un pañuelo o procedimiento similar.

16. c) El organismo autónomo Jefatura Central de Tráfico o la autoridad autonómica o local responsable de la regulación del tráfico, o sus agentes.

17. c) 0,3 gramos por litro.

18. b) Los vehículos de policía, extinción de incendios, protección civil y salvamento, y asistencia sanitaria en servicio de urgencia.

19. c) Están exentos cuando circulen en poblado, pero en ningún caso cuando lo hagan por autopistas, autovías o carreteras convencionales.

20. d) Permanecer en el vehículo y esperar a que llegue la ayuda.

TEST N.º 17

Gestión del servicio en las unidades de apoyo logístico asistencial en SUMMA 112. Dotación sanitaria: clasificación de la dotación material de los vehículos en el SUMMA 112

1. ¿Cómo se denomina el equipo de apoyo logístico del SUMMA 112?

a) Equipo SCU.
b) Equipo de atención al usuario del SUMMA 112.
c) Equipo Alfa Lima.
d) No existe dicho equipo.

2. ¿Dónde se localiza en la Comunidad Autónoma de Madrid la Unidad Alfa Lima del SUMMA 112?

a) Alcalá de Henares.
b) Móstoles.
c) Leganés.
d) Getafe.

3. ¿Quiénes constituyen el Equipo Alfa Lima del SUMMA 112 en la Comunidad Autónoma de Madrid?

a) 1 Técnico en Emergencias Sanitarias y 1 ayudante celador conductor.
b) 2 Técnicos en Emergencias Sanitarias y un TCAE.
c) 2 Técnicos en Emergencias Sanitarias y un/a enfermero/a.
d) 2 Técnicos en Emergencias Sanitarias.

4. ¿Qué funciones realiza el Equipo Alfa Lima del SUMMA 112?

a) Dar un apoyo logístico y de seguridad a la asistencia sanitaria.
b) Dar protección y salvamentos a víctimas como primer o segundo interviniente.

c) Llevar a cabo exclusivamente tareas de salvamento acuático.
d) llevar a cabo Soporte Vital Avanzado.

5. ¿Con qué siglas se desina el centro coordinador del SUMMA112?

a) CCS.
b) SCC.
c) SCU.
d) USC.

6. ¿Quién es el responsable sanitario máximo en las intervenciones de SCU en la Comunidad de Madrid y con qué siglas se designa?

a) Jefe de guardia ubicado en el SCU y se designa con las siglas J1.
b) Jefe de guardia ubicado en el SCU y se designa con las siglas J2.
c) Jefe de guardia ubicado en la calle y se designa con las siglas J2.
d) Jefe de guardia ubicado en la calle y se designa con las siglas J1.

7. ¿Cómo se designa al responsable de guardia de los locutores-técnicos, ubicado en el SCU?

a) Técnico 0.
b) Locutor 0.
c) SCU 0.
d) Son ciertas las respuestas a) y b).

8. ¿Qué responsable del SUMMA 112 informó y envió la necesidad de crear la unidad Alfa Lima al Comité de Dirección?

a) El Jefe de guardia ubicado en el SCU (J1).
b) El Jefe de guardia ubicado en la calle o responsable en las intervenciones (J2).
c) El Jefe de Servicio de la SCU.
d) El Coordinador de equipos técnicos y logística del SUMMA 112.

9. ¿Cuántos días año y cuántas horas diarias estará operativa la unidad Alfa Lima?

a) 255 días al año (sin sábados, domingos ni festivos), 12 horas diarias.
b) 255 días al año (sin sábados, domingos ni festivos), las 24 horas diarias.
c) 365 días al año, las 24 horas diarias.
d) 365 días al año, 12 horas diarias.

10. ¿Cuántas horas diarias trabaja cada Técnico de la unidad Alfa Lima?

a) 4 horas.
b) 6 horas.

c) 8 horas.
d) 12 horas.

11. ¿Cuántos turnos diarios rotatorios habrá en la unidad Alfa Lima?

a) Habrá diariamente 2 turnos.
b) Habrá diariamente 4 turnos.
c) Habrá diariamente 6 turnos.
d) Habrá diariamente 12 turnos.

12. ¿Cuántos Técnicos de Emergencias configurarán el equipo diario que trabaja en la unidad Alfa Lima?

a) Habrá diariamente 4 TES.
b) Habrá diariamente 8 TES.
c) Habrá diariamente 12 TES.
d) Habrá diariamente 18 TES.

13. De estas, ¿qué forma de activación son las que existen en la Unidad Alfa Lima?

a) Activación primaria y secundaria.
b) Activación primaria, secundaria y simultánea.
c) Activación primaria, secundaria, simultánea y en la propia base.
d) Activación primaria, secundaria, simultánea, en la propia base e *in itinere*.

14. ¿Qué activación del equipo Alfa Lima será como primer interviniente cuando sea el recurso más cercano a la emergencia?

a) Activación primaria.
b) Activación secundaria.
c) Activación simultánea.
d) Activación en la propia base o *in itinere*.

15. ¿Quién debe valorar si es pertinente enviar el equipo Alfa Lima ante cualquier unidad asistencial del SUMMA 112 que lo demande?

a) El locutor 0.
b) El Jefe de Guardia de SCU (J1).
c) El locutor 1 o el J2.
d) El locutor 0 o el Jefe de Guardia de SCU (J1).

16. ¿Quién dejará reflejado por registro informático los datos del incidente?

a) El TES 1 del equipo Alfa Lima.
b) El TES 2 del equipo Alfa Lima.

c) El Jefe de Guardia (J1) del SCU.
d) El técnico-locutor del SCU.

17. Todas aquellas áreas de mejora relacionadas con la seguridad en la intervención, necesidades de adaptación de procedimientos e instrucciones técnicas o aquellas que los integrantes de la dotación del A-L consideren de interés serán remitidas:

a) Al Departamento de Atención al Usuario, en sobre cerrado.
b) Al Comité de Dirección del SUMMA 112, por correo ordinario.
c) Al Departamento de coordinación de equipos técnicos y logística, mediante correo electrónico.
d) Al Departamento de calidad mediante correo electrónico.

18. ¿Qué mochila de las que se describen no es una mochila descritas en el vehículo terrestre UVI Móvil?

a) Mochila de IMV grande.
b) Mochila de vía aérea.
c) Mochila pediatría parto-cesárea.
d) Mochila de enfermería.

19. ¿Qué proporciona una UVI móvil?

a) Soporte vital básico.
b) Asistencia domiciliaria.
c) Soporte vital avanzado con posibilidad de traslado.
d) Soporte vital avanzado sin posibilidad de traslado.

20. ¿Qué material de estos no hay en la Mochila BioProtección EPI COVID con mascarillas quirúrgicas de una UVI móvil?

a) Batas y monos de protección.
b) Catéteres IV periféricos con sistema de seguridad.
c) Mascarillas FPP3.
d) Balón resucitador AMBU adulto/niño con reservorio de repuesto.

En MADTEST tienes **más preguntas de este tema**, y todos tus avances quedan registrados y se reflejan en el ranking.

¡Supera tus límites con MADTEST!

Solución al test n.º 17

1. c) Equipo Alfa Lima.

2. d) Getafe.

3. d) 2 Técnicos en Emergencias Sanitarias.

4. a) Dar un apoyo logístico y de seguridad a la asistencia sanitaria.

5. c) SCU.

6. c) Jefe de guardia ubicado en la calle y se designa con las siglas J2.

7. d) Son ciertas las respuestas a) y b).

8. d) El Coordinador de equipos técnicos y logística del SUMMA 112.

9. c) 365 días al año, las 24 horas diarias.

10. a) 4 horas.

11. c) Habrá diariamente 6 turnos.

12. c) Habrá diariamente 12 TES.

13. d) Activación primaria, secundaria, simultánea, en la propia base e *in itinere*.

14. a) Activación primaria.

15. d) El locutor 0 o el Jefe de Guardia de SCU (J1).

16. d) El técnico-locutor del SCU.

17. c) Al Departamento de coordinación de equipos técnicos y logística, mediante correo electrónico.

18. a) Mochila de IMV grande.

19. c) Soporte vital avanzado.

20. b) Catéteres IV periféricos con sistema de seguridad.

TEST N.º 18

Logística sanitaria en emergencias: definir las sectorizaciones en las zonas de actuación, describir los límites de cada zona de intervención y sus funciones. Enumerar los recursos personales y materiales existentes en cada área de trabajo

1. Ante una emergencia, ¿qué debemos a hacer primero?

a) Conducta PAS.
b) Sectorización en las zonas de actuación.
c) RCP.
d) Triaje.

2. ¿Quién hará una primera sectorización de la zona de incidente?

a) La UVI móvil.
b) La unidad Alfa Lima.
c) La primera unidad en llegar.
d) El VIR.

3. ¿Qué zona es la inmediata y próxima a la zona de rescate o zona caliente?

a) La zona fría, zona verde, zona base, área base.
b) La zona caliente, zona de rescate, zona cero, área de salvamento, zona de impacto, zona roja.
c) La zona templada, zona segura, zona amarilla, zona de socorro, área de socorro.
d) Ninguna de las anteriores.

4. ¿A qué grupo de estos pertenece la policía local?

a) Al Grupo de Intervención.
b) Al Grupo de Seguridad.
c) Al Grupo de Sanitarios.
d) Al Grupo de Esfuerzo.

5. ¿Quién ejercerá el mando de mayor responsabilidad presente en la emergencia en el grupo de sanitarios en la Comunidad de Madrid?

a) El facultativo de mayor experiencia.
b) El enfermero de mayor experiencia.
c) El Jefe de Guardia (J1).
d) El Jefe de Guardia (J2).

6. ¿Cuál es el objetivo principal de la logística sanitaria en emergencias según el SUMMA 112?

a) Garantizar la reposición de material hospitalario.
b) Asegurar la operatividad y el apoyo a la asistencia sanitaria en el lugar del incidente.
c) Coordinar la evacuación hospitalaria de pacientes críticos.
d) Supervisar el mantenimiento de vehículos sanitarios.

7. ¿Qué zona se denomina 'zona caliente' en la sectorización del área de intervención?

a) La zona de seguridad destinada al estacionamiento de ambulancias.
b) La zona donde se ubican los mandos operativos y el PMA.
c) La zona de riesgo directo donde actúan los equipos de primera intervención y rescate.
d) La zona de espera para recursos logísticos.

8. ¿Qué tipo de personal puede acceder a la zona caliente en un incidente con riesgo biológico o químico?

a) Todo el personal sanitario con EPI básico.
b) Únicamente los equipos especializados con nivel de protección adecuado (NRBQ).
c) El personal de logística para retirar material contaminado.
d) Los técnicos en emergencias sanitarias con mascarilla FFP2.

9. ¿Qué zona se utiliza para el tratamiento sanitario inicial y la clasificación de víctimas (triaje)?

a) Zona fría.
b) Zona caliente.
c) Zona templada.
d) Zona logística.

10. ¿Cuál de las siguientes funciones pertenece a la logística sanitaria del SUMMA 112?

a) Diagnóstico clínico del paciente.
b) Gestión del material, montaje de áreas y reposición de recursos.
c) Valoración psicológica de intervinientes.
d) Atención avanzada en la zona caliente.

11. En la organización del área de intervención, ¿qué representa la 'zona fría'?

a) El área de riesgo donde actúan los equipos de rescate.
b) El área de estacionamiento, coordinación y apoyo logístico.
c) El área de descontaminación de víctimas.
d) El área de triaje y estabilización.

12. ¿Cuál es la prioridad logística durante la fase inicial de una emergencia colectiva?

a) Instalar el puesto de mando avanzado (PMA).
b) Trasladar a todas las víctimas al hospital más cercano.
c) Desplegar el hospital de campaña.
d) Retirar vehículos dañados de la vía pública.

13. ¿Quién coordina el despliegue y la disposición del material sanitario en un incidente mayor?

a) El responsable de logística sanitaria.
b) El jefe del dispositivo de emergencias del SUMMA 112.
c) El coordinador hospitalario de guardia.
d) El responsable del área de triaje.

14. En la zona templada, ¿qué tipo de material sanitario se prioriza?

a) Material de rescate y protección.
b) Material de soporte vital básico y avanzado.
c) Material de descontaminación química.
d) Material quirúrgico hospitalario.

15. ¿Qué elemento logístico permite garantizar la autonomía operativa de un dispositivo sanitario en emergencias prolongadas?

a) El puesto médico avanzado (PMA).
b) Las unidades de apoyo logístico Alfa Lima (A-L).
c) Las ambulancias de soporte vital avanzado.
d) El centro coordinador de emergencias.

16. ¿Qué criterio se utiliza para establecer la sectorización del área de intervención?

a) El número de víctimas.
b) La evaluación de riesgos y la seguridad de los intervinientes.
c) La disponibilidad de medios materiales.
d) La orden del mando sanitario.

17. ¿Cuál es la principal función del Puesto de Mando Avanzado (PMA) dentro de la zona fría?

a) Coordinar la asistencia sanitaria y los recursos intervinientes.
b) Realizar la descontaminación de personal.
c) Establecer el área de triaje primario.
d) Controlar el acceso de los medios de comunicación.

18. En incidentes NRBQ, ¿qué zona se reserva para la descontaminación de víctimas?

a) Zona templada.
b) Zona logística.
c) Zona fría.
d) Zona caliente.

19. ¿Qué tipo de comunicación debe mantenerse entre las zonas del área de intervención?

a) Comunicación verbal directa sin equipos electrónicos.
b) Comunicación jerarquizada, fluida y segura a través de los canales asignados.
c) Comunicación libre entre todos los equipos sin control jerárquico.
d) Comunicación exclusiva por radio del 112 sin coordinación local.

20. ¿Cuál de las siguientes acciones corresponde a la fase de repliegue logístico en un incidente?

a) Montaje del PMA.
b) Recuperación, limpieza y reposición del material utilizado.
c) Realización del triaje inicial.
d) Activación de unidades de emergencia adicionales.

En MADTEST tienes **más preguntas de este tema**, y todos tus avances quedan registrados y se reflejan en el ranking.

¡Supera tus límites con MADTEST!

Solución al test n.º 18

1. b) Sectorización en las zonas de actuación.

2. c) La primera unidad en llegar.

3. c) La zona templada, zona segura, zona amarilla, zona de socorro, área de socorro.

4. b) Al Grupo de Seguridad.

5. c) El Jefe de Guardia (J1).

6. b) Asegurar la operatividad y el apoyo a la asistencia sanitaria en el lugar del incidente.

7. c) La zona de riesgo directo donde actúan los equipos de primera intervención y rescate.

8. b) Únicamente los equipos especializados con nivel de protección adecuado (NRBQ).

9. c) Zona templada.

10. b) Gestión del material, montaje de áreas y reposición de recursos.

11. b) El área de estacionamiento, coordinación y apoyo logístico.

12. a) Instalar el puesto de mando avanzado (PMA).

13. a) El responsable de logística sanitaria.

14. b) Material de soporte vital básico y avanzado.

15. b) Las unidades de apoyo logístico Alfa Lima (A-L).

16. b) La evaluación de riesgos y la seguridad de los intervinientes.

17. a) Coordinar la asistencia sanitaria y los recursos intervinientes.

18. a) Zona templada.

19. b) Comunicación jerarquizada, fluida y segura a través de los canales asignados.

20. b) Recuperación, limpieza y reposición del material utilizado.

Atención sanitaria inicial en situaciones de emergencia: conducta PAS. Valoración primaria: consciencia, respiración y pulso, valoración secundaria. Protocolos de actuación ante PCR en Neonatal, pediátrica y adulto, según protocolos de la ERC 2021. Anatomía musculoesquelética básica. Sistema circulatorio y respiratorio básico

1. ¿Cómo se denomina la iniciativa internacional de aunar nomenclaturas y conceptos, bajo un glosario de términos fundamentales en la RCP? Estilo…

a) RECE.
b) Ulster.
c) Utstein.
d) Heimlich.

2. ¿Cómo se denomina cuando la parada cardiorrespiratoria es vista, oída, o se produce en una persona monitorizada?

a) Parada cardiorrespiratoria no presenciada.
b) Parada cardiorrespiratoria presenciada.
c) Parada cardiorrespiratoria sentida.
d) Parada cardiorrespiratoria no sentida.

3. ¿Cómo se denomina el concepto que integra junto a las maniobras clásicas de RCP, contenidos referidos a la prevención de las PCR y la difusión a toda la población de estos conocimientos?

a) Masaje cardíaco externo.
b) RCP básica.
c) RCP avanzada.
d) Soporte vital.

4. ¿Cuál de esto profesionales no son personal de emergencias?

a) Médico de cabecera de atención primaria.
b) Celador conductor del SUMMA.
c) Enfermero/a del SUMMA.
d) Son todos los anteriores.

5. ¿Qué desfibriladores externos de los empleados son los que avisan de la alteración, pero requieren de la intervención del operador para efectuar su descarga? Desfibriladores externos…

a) Estándar.
b) Manuales.
c) Automáticos (DEA).
d) Semiautomáticos (DESA).

6. ¿Qué eslabones de la cadena de supervivencia se corresponde con el soporte vital básico?

a) Activación precoz de los servicios de emergencia sanitaria y la desfibrilación precoz.
b) Activación precoz de los servicios de emergencia sanitaria y la RCP avanzada.
c) Activación precoz de los servicios de emergencia sanitaria y la RCP básica.
d) RCP básica y desfibrilación precoz.

7. ¿Cuál es el primer eslabón de la cadena de supervivencia?

a) La desfibrilación precoz.
b) La RCP avanzada.
c) La RCP básica.
d) Activación precoz de los servicios de emergencia sanitaria.

8. Qué eslabones de la cadena de supervivencia se corresponde con el soporte vital avanzado?

a) Activación precoz de los servicios de emergencia sanitaria y la RCP básica.
b) RCP básica y desfibrilación precoz.
c) La desfibrilación precoz y la RCP avanzada.
d) Activación precoz de los servicios de emergencia sanitaria y la RCP avanzada.

9. ¿Qué acrónimo está relacionado con la activación precoz de los servicios de emergencias?

a) RCP.
b) RECE.
c) PAS.
d) MCE.

10. ¿Qué es lo primero secuencialmente a tener en cuenta al activar precozmente los servicios de emergencias?

a) Proteger: estar fuera de peligro interviniente o/y accidentado.
b) Proteger: atender antes a los accidentados que gritan más sobre los que gritan menos.

c) Avisar: informando a los sanitarios de una emrgencia.
d) Socorrer: a las víctimas que más lo necesitan.

11. ¿Cómo se activará el sistema de emergencias sanitarias?

a) Llamando a la Guardia Civil.
b) Llamando a la Policía.
c) Dando aviso a los sanitarios de la asistencia de un accidente.
d) Son ciertas a y b.

12. ¿A quién activará el teléfono 112?

a) A los servicios sanitarios de emergencias.
b) A los bomberos.
c) A la policía.
d) A todos los anteriores.

13. ¿Cuándo comienza deteriorarse aproximadamente el cerebro humano al no recibir oxígeno? Comienza a deteriorarse aproximadamente a partir de los...

a) 4 minutos.
b) 20 minutos.
c) 1 hora.
d) 4 horas.

14. ¿Cuál es la causa más frecuente de parada cardiorrespiratoria?

a) Fibrilación ventricular y fibrilación auricular.
b) Fibrilación ventricular y taquicardia ventricular con pulso.
c) Fibrilación auricular y taquicardia ventricular sin pulso.
d) Fibrilación ventricular y taquicardia ventricular sin pulso.

15. ¿Qué eslabón de la cadena de supervivencia nos indica la necesidad de completar la estabilización de las funciones vitales, el traslado del paciente y la aplicación de cuidados post-resucitación?

a) La desfibrilación precoz.
b) El soporte vital avanzado.
c) Activación precoz de los servicios de emergencia sanitaria.
d) El soporte vital básico.

16. ¿Qué procedimiento se realizará en el soporte vital avanzado?

a) Solo se asegurará la vía aérea.
b) Se asegurará la vía aérea y se establecerá ventilación mecánica si fuese necesaria.

c) Se asegurará la vía aérea y se administrarán los líquidos y drogas que requiera cada caso.

d) Se asegurará la vía aérea, se establecerá ventilación mecánica si fuese necesaria y se administrarán los líquidos y drogas que requiera cada caso.

17. ¿En qué valoración del accidentado o del paciente con enfermedad repentina se identifican las situaciones que supongan una amenaza inmediata para la vida del usuario? En la valoración…

a) Primaria.
b) Secundaria.
c) Terciaria.
d) Cuaternaria.

18. ¿Dónde se debe hacer las valoraciones del paciente que supongan una amenaza inmediata para su vida

a) En el lugar en el que se produce la lesión.
b) Durante el traslado una vez surgido el accidente.
c) En el hospital, tras ser trasladado por ambulancia.
d) Da igual el lugar.

19. ¿Qué examen se corresponde con una valoración secundaria del accidentado a nivel neurológico?

a) Nivel de conciencia.
b) Exploración de heridas, contusiones, quemaduras… en cuero cabelludo y cara.
c) Signos de fractura nasal.
d) Son todos los anteriores.

20. ¿Qué se debe hacer primero ante una situación de PCR? Lo primero será…

a) Pedir ayuda.
b) Identificar la situación.
c) Realizar las actividades de reanimación.
d) Valorar al paciente.

En MADTEST tienes **más preguntas de este tema**, y todos tus avances quedan registrados y se reflejan en el ranking.

¡Supera tus límites con MADTEST!

Solución al test n.º 19

1. c) Utstein.

2. b) Parada cardiorrespiratoria presenciada.

3. d) Soporte vital.

4. a) Médico de cabecera de atención primaria.

5. d) Semiautomáticos (DESA).

6. c) Activación precoz de los servicios de emergencia sanitaria y la RCP básica.

7. d) Activación precoz de los servicios de emergencia sanitaria.

8. c) La desfibrilación precoz y la RCP avanzada.

9. c) PAS.

10. a) Proteger: estar fuera de peligro interviniente o/y accidentado.

11. c) Dando aviso a los sanitarios de la asistencia de un accidente.

12. d) A todos los anteriores.

13. a) 4 minutos.

14. d) Fibrilación ventricular y taquicardia ventricular sin pulso.

15. b) El soporte vital avanzado.

16. d) Se asegurará la vía aérea, se establecerá ventilación mecánica si fuese necesaria y se administrarán los líquidos y drogas que requiera cada caso.

17. a) Primaria.

18. a) En el lugar en el que se produce la lesión.

19. a) Nivel de conciencia.

20. b) Identificar la situación.

Gestión en la coordinación y asistencia a incidentes de múltiples víctimas en el SUMMA 112. Procedimiento de actuación conjunta para la intervención en siniestros viales

1. ¿Cuál es el objetivo del procedimiento de actuación conjunta en siniestros viales en la Comunidad de Madrid?

a) Coordinar a los servicios implicados para asegurar una atención integral y eficiente a los solicitantes.
b) Regular exclusivamente la investigación policial de los siniestros.
c) Centralizar la gestión de camas hospitalarias en el CCU.
d) Limitar la intervención a incidentes con mercancías peligrosas.

2. ¿Qué caracteriza a un incidente de múltiples víctimas (IMV)?

a) Un número indeterminado de heridos sin afectar a la capacidad de respuesta.
b) La desproporción entre recursos disponibles y necesidades asistenciales por elevado número de afectados.
c) La presencia obligatoria de mercancías peligrosas.
d) Que ocurra únicamente en vías interurbanas.

3. ¿Quién declara formalmente un IMV en el SUMMA 112?

a) El Mando de Triaje.
b) El Jefe de Guardia (JG) del SUMMA 112.
c) El Director del Madrid 112.
d) El Jefe de Intervención del CBCM.

4. ¿Cuál de estos es criterio de activación de un IMV?

a) Cualquier incidente con 5 o más víctimas.
b) Accidente de autobús o tren con 10 o más víctimas confirmadas o sospechosas.
c) Cualquier accidente con atrapados, independientemente del número de víctimas.
d) Colisión leve con dos heridos y sin atrapados.

5. ¿Cómo se define un siniestro vial con múltiples víctimas (IMV)?

a) Cualquier siniestro con al menos dos vehículos implicados.

b) Numerosas víctimas en un único vehículo (>9 pasajeros) o en varios (≥3 vehículos implicados con atrapados).

c) Cualquier siniestro en el que intervenga un autobús escolar.

d) Un siniestro urbano con tres peatones heridos leves.

6. ¿Qué distingue la estabilización urgente de la estabilización secundaria del vehículo?

a) La urgente evita movimientos peligrosos inmediatos; la secundaria previene movimientos horizontales y verticales posteriores.

b) La urgente la realiza el equipo sanitario; la secundaria el CBCM.

c) La urgente se hace tras el rescate; la secundaria antes del acceso del sanitario.

d) No existe diferencia entre ambas.

7. ¿Qué comprende la extricación de una víctima en siniestros viales?

a) Únicamente la inmovilización cervical.

b) Descarcelación y extracción hasta un lugar seguro.

c) La valoración clínica y el traslado hospitalario.

d) La limpieza de la vía y retirada de vehículos.

8. ¿Cuál es la secuencia correcta de triaje durante un IMV?

a) Triaje avanzado en ZCV, luego triaje de asistencia en PSA.

b) Triaje de asistencia (primer triaje), triaje de evacuación (segundo triaje), triaje avanzado en el PSA.

c) Triaje único en el punto de impacto.

d) Triaje de evacuación antes de la asistencia inicial.

9. ¿Cómo se delimita la zona caliente (ZC) en un siniestro vial?

a) Cualquier área a más de 50 metros del vehículo.

b) Círculo aproximado de 2 a 5 metros alrededor del vehículo, con riesgo directo.

c) Área de estacionamiento de ambulancias.

d) Zona de reunión de medios logísticos.

10. ¿Qué es la Zona de Concentración de Víctimas (ZCV) y quién la coordina?

a) Área de espera de ambulancias, coordinada por el Jefe de Dispositivo Sanitario.

b) Área para recuento y primer triaje, coordinada por el Mando de Triaje (chaleco morado).

c) Área de descontaminación, coordinada por el CBCM.

d) Área de prensa, coordinada por el Grupo de Seguridad.

11. ¿Cuál es la capacidad del Puesto Sanitario Avanzado (PSA) indicada en el procedimiento?

a) 6 puestos asistenciales, uno de SVA.
b) 12 puestos asistenciales, cuatro de SVA.
c) 18 puestos asistenciales, dos de SVA.
d) 24 puestos asistenciales, seis de SVA.

12. ¿Para qué se utiliza la Zona de Verdes (ZV)?

a) Para alojar material logístico.
b) Para reubicación y recuento de implicados con clasificación verde.
c) Para descontaminación química.
d) Para estacionamiento de helicópteros.

13. ¿Cómo se identifica al Jefe de Dispositivo Sanitario (JDS) en el lugar del IMV?

a) Chaleco verde con la leyenda 'JEFE DEL PSA'.
b) Chaleco rojo con la leyenda 'JEFE DE DISPOSITIVO SANITARIO'.
c) Chaleco morado con la leyenda 'TRIAJE'.
d) Chaleco naranja con la leyenda 'RECURSOS'.

14. ¿Qué función principal tiene el CCU/SCU durante un IMV?

a) Realizar el rescate de atrapados.
b) Recibir y centralizar información e iniciar la intervención.
c) Dirigir la investigación judicial del siniestro.
d) Coordinar directamente la señalización definitiva en la vía.

15. ¿Qué tarea realiza la enfermera del EGI según el procedimiento?

a) Dirige el CBCM en el rescate.
b) Coordina camas hospitalarias (aplicación CPPI) y registra filiación clínica.
c) Establece la noria de ambulancias y relevos de unidades.
d) Acompaña al JG para comunicaciones externas.

16. Si un SVAE es el primer recurso en llegar, ¿quién realiza el primer triaje y con qué identificación?

a) La enfermera con chaleco rojo.
b) El TES con chaleco morado de Triaje.
c) El médico del SVAE con chaleco verde.
d) El operador del EGI con chaleco naranja.

17. ¿Cuál es la dotación inicial tipo para un nivel 1 de activación (10–50 víctimas)?

a) 1 SVA + 2 SVB + AL + JG.
b) 2 SVA + 4 SVB + AL + JG.
c) 4 SVA + 8 SVB + AL + JG.
d) 6 SVA + 12 SVB + AL + JG.

18. En incidentes NRBQ, ¿qué nivel de activación se establece por defecto?

a) Nivel 0.
b) Nivel 1.
c) Nivel 2.
d) Nivel 3.

19. ¿Cuál es la correspondencia correcta de canales SUMMACOOR tras declarar un IMV?

a) SUMMACOOR 1: mandos; 2: enfermera EGI; 3: incidentes.
b) SUMMACOOR 1: canal del incidente; 2: mandos y coordinación con EGI; 3: enfermera EGI con JDS.
c) SUMMACOOR 1: uso interno del JG; 2: prensa; 3: logística.
d) SUMMACOOR 1: hospitales; 2: ambulancias; 3: bomberos.

20. ¿Qué información debe aportar la primera unidad del SUMMA 112 al CCU al llegar?

a) Únicamente número de matrículas.
b) Tipo de incidente, localización, estimación de víctimas, riesgos y necesidades de recursos.
c) Solo estado de las vías de acceso.
d) Exclusivamente si hay mercancías peligrosas.

En MADTEST tienes **más preguntas de este tema**, y todos tus avances quedan registrados y se reflejan en el ranking.

¡Supera tus límites con MADTEST!

Solución al test n.º 20

1. a) Coordinar a los servicios implicados para asegurar una atención integral y eficiente a los solicitantes.

2. b) La desproporción entre recursos disponibles y necesidades asistenciales por elevado número de afectados.

3. b) El Jefe de Guardia (JG) del SUMMA 112.

4. b) Accidente de autobús o tren con 10 o más víctimas confirmadas o sospechosas.

5. b) Numerosas víctimas en un único vehículo (>9 pasajeros) o en varios (≥3 vehículos implicados con atrapados).

6. a) La urgente evita movimientos peligrosos inmediatos; la secundaria previene movimientos horizontales y verticales posteriores.

7. b) Descarcelación y extracción hasta un lugar seguro.

8. b) Triaje de asistencia (primer triaje), triaje de evacuación (segundo triaje), triaje avanzado en el PSA.

9. b) Círculo aproximado de 2 a 5 metros alrededor del vehículo, con riesgo directo.

10. b) Área para recuento y primer triaje, coordinada por el Mando de Triaje (chaleco morado).

11. c) 18 puestos asistenciales, dos de SVA.

12. b) Para reubicación y recuento de implicados con clasificación verde.

13. b) Chaleco rojo con la leyenda 'JEFE DE DISPOSITIVO SANITARIO'.

14. b) Recibir y centralizar información e iniciar la intervención.

15. b) Coordina camas hospitalarias (aplicación CPPI) y registra filiación clínica.

16. b) El TES con chaleco morado de Triaje.

17. b) 2 SVA + 4 SVB + AL + JG.

18. c) Nivel 2.

19. b) SUMMACOOR 1: canal del incidente; 2: mandos y coordinación con EGI; 3: enfermera EGI con JDS.

20. b) Tipo de incidente, localización, estimación de víctimas, riesgos y necesidades de recursos.

Toma de constantes vitales. FC, FR, TA, Tº, glucemia. Valores de pulsioximetria. Descripción de los procedimientos para verificar la permeabilidad de la vía aérea. Identificación de las condiciones de funcionamiento adecuadas de la ventilación-oxigenación

1. ¿Cuál de estas no es considerada una constante vital?

a) La frecuencia respiratoria.
b) La oxigenación (pulsioximetría).
c) Temperatura.
d) Pulso y tensión arterial.

2. ¿Qué es realmente la cantidad de calor interno que se produce como consecuencia del equilibro entre el calor producido y el calor perdido por el propio organismo?

a) La temperatura corporal.
b) La termogénesis.
c) La termorregulación.
d) El pico térmico exógeno.

3. ¿Dónde se lleva a cabo la termorregulación a nivel corporal?

a) En la piel (por la sudoración).
b) En el tálamo.
c) A nivel metabólico-nutricional.
d) En el hipotálamo.

4. ¿Qué factor de estos no influye en la temperatura corporal?

a) La edad y el sexo.
b) El estrés y las emociones.
c) La hora del día.
d) Influyen todos los anteriores.

5. ¿En qué momento del día la temperatura corporal está más elevada que en los restantes?

a) Entre las 2 y las 6 horas.
b) Entre las 6 y las 12 horas.
c) Entre las 12 y las 16 horas.
d) Entre las 16 y las 20 horas.

6. ¿Qué estado térmico tendrá un paciente con 38,5 ºC?

a) Febrícula o destemplanza.
b) Décimas de fiebre.
c) Fiebre ligera.
d) Fiebre moderada.

7. ¿Cuál es la fiebre típica de la malaria?

a) Fiebre en meseta.
b) Fiebre ondulante.
c) Fiebre remitente.
d) Fiebre en aguja.

8. ¿Cuál es la fiebre que se caracteriza porque a lo largo del día se manifiesta con numerosas variaciones de la temperatura ascendiendo y descendiendo?

a) Remitente.
b) Intermitente.
c) Continua.
d) Ondulante.

9. Es característico de la fiebre que se dé

a) Pulso débil.
b) Cierta taquicardia.
c) Respiración lenta.
d) Nada de lo anterior.

10. ¿Qué signo o síntoma es característico al inicio o comienzo de la fiebre?

a) Cefalea.
b) "Carne de gallina" o piloerección.
c) Anorexia, náuseas y vómitos.
d) Pérdida de peso si la fiebre se prolonga.

11. ¿Qué termómetros están prohibidos en hospitales por normativa?

a) Los termómetros de galio o aleación.
b) Los termómetros de tipo electrónico.

c) Los termómetros de mercurio.
d) Los termómetros del sensor timpánico.

12. ¿Qué termómetros se están implantado en pediatría a pesar de su costo, por su exactitud?

a) Los termómetros del sensor timpánico.
b) Los termómetros infrarrojos de la arteria temporal.
c) Los termómetros galio o aleación.
d) Los termómetros tipo electrónico.

13. ¿Cuántos grados centígrados serán los tomados con un termómetro en grados Fahrenheit si este marca 100 ºF?

a) 37,77778 ºC.
b) 36,22223 ºC.
c) 35,88889 ºC.
d) 38,44445 ºC.

14. ¿Cuánto tiempo es necesario esperar al tomar la temperatura corporal en la axila?

a) Entre 4 y 5 minutos.
b) Entre 7 y 10 minutos.
c) 15 minutos.
d) Menos de 1 minuto.

15. ¿Qué afirmación es falsa respecto al pulso?

a) La regulación del pulso se lleva a cabo en el bulbo raquídeo.
b) Se aprecia generalmente al comprimir con los dedos una arteria.
c) El pulso es una onda pulsátil de la sangre.
d) El pulso se produce por la contracción del ventrículo derecho del corazón.

16. ¿Cómo considerarías un pulso de 45?

a) Con frecuencia normal.
b) Acelerado.
c) Bradicardia.
d) Taquicardia.

17. ¿Cómo se denomina el pulso que se da cuando las pulsaciones se producen a intervalos irregulares de tiempo?

a) Rítmico.
b) Arrítmico.

c) Bigeminado.
d) Abigeminado.

18. El pulso que se percibe con facilidad, el que produce gran amplitud en el vaso que se palpa es:

a) El pulso filiforme.
b) El pulso febril.
c) El pulso rebotante.
d) El pulso pleno.

19. ¿Qué pulso se toma a ambos lados de la laringe, en la cara anterior del cuello?

a) El pulso cervical.
b) El pulso carotídeo.
c) El pulso temporal.
d) El pulso poplíteo.

20. ¿Cuál es la posición más apropiada para tomar el pulso?

a) Fowler.
b) Decúbito prono.
c) Decúbito supino.
d) Decúbito lateral.

En MADTEST tienes **más preguntas de este tema**, y todos tus avances quedan registrados y se reflejan en el ranking.

¡Supera tus límites con MADTEST!

Solución al test n.º 21

1. b) La oxigenación (pulsioximetría).

2. a) La temperatura corporal.

3. d) En el hipotálamo.

4. d) Influyen todos los anteriores.

5. d) Entre las 16 y las 20 horas.

6. d) Fiebre moderada.

7. c) Fiebre remitente.

8. d) Ondulante.

9. b) Cierta taquicardia.

10. b) "Carne de gallina" o piloerección.

11. c) Los termómetros de mercurio.

12. b) Los termómetros infrarrojos de la arteria temporal.

13. a) 37,77778 ºC.

14. b) Entre 7 y 10 minutos.

15. d) El pulso se produce por la contracción del ventrículo derecho del corazón.

16. c) Bradicardia.

17. b) Arrítmico.

18. d) El pulso pleno.

19. b) El pulso carotídeo.

20. a) Fowler.

Manejo del desfibrilador externo semiautomático. Descripción y ejecución de los procedimientos de actuación en caso de hemorragias. Tipos de material homeostático

1. ¿Cuál es el Decreto principal del Consejo de Gobierno de la Comunidad de Madrid que regula la instalación y utilización de desfibriladores externos fuera del ámbito sanitario y crea su Registro?

a) Ley 14/1986, de 25 de abril, General de Sanidad.

b) Real Decreto 365/2009, de 20 de marzo.

c) Decreto 78/2017, de 12 de septiembre.

d) Ley 12/2001, de 21 de diciembre, de Ordenación Sanitaria de la Comunidad de Madrid.

2. Según el Decreto 78/2017, ¿cuál es uno de los principales motivos para regular la instalación y uso de desfibriladores externos fuera del ámbito sanitario?

a) Reducir los costes hospitalarios de atención a paradas cardíacas.

b) Mejorar las expectativas de supervivencia gracias a la desfibrilación eléctrica precoz y la solidaridad ciudadana.

c) Limitar la responsabilidad de los servicios de emergencias.

d) Fomentar la venta de productos sanitarios en la región.

3. ¿Cuál de los siguientes espacios está obligado a disponer de al menos un desfibrilador externo en la Comunidad de Madrid?

a) Establecimientos públicos con un aforo inferior a 1.000 personas.

b) Centros de trabajo con menos de 100 trabajadores.

c) Grandes establecimientos comerciales con una superficie de exposición y venta superior a 2.500 m².

d) Centros residenciales de mayores con menos de 100 plazas de residentes.

4. ¿Qué requisito técnico deben cumplir los desfibriladores instalados según el Decreto 78/2017?

a) Ser fabricados en España.
b) Ostentar el marcado CE y cumplir con el Real Decreto 1591/2009.
c) Funcionar exclusivamente con baterías recargables.
d) Disponer de un sistema de auto-diagnóstico diario.

5. Una de las condiciones esenciales de instalación de los desfibriladores obligatorios o voluntarios es que deben estar conectados de forma permanente a:

a) La red eléctrica del edificio.
b) Un sistema de videovigilancia.
c) Una aplicación móvil de geolocalización.
d) La red de emergencias de la Comunidad de Madrid SUMMA 112.

6. ¿Cuál es el plazo máximo para notificar a la Consejería competente en sanidad cualquier variación en la titularidad, ubicación o retirada de un desfibrilador, una vez que se produce el cambio?

a) 24 horas.
b) 72 horas.
c) Quince días.
d) Un mes.

7. ¿Qué acción debe preceder a cada utilización del desfibrilador fuera del ámbito sanitario?

a) La lectura completa del manual de instrucciones.
b) El aviso y activación de los Servicios de Emergencias a través del teléfono 112.
c) La solicitud de permiso al responsable del establecimiento.
d) La verificación de la identidad del paciente.

8. Además del personal sanitario y los técnicos en emergencias sanitarias, ¿quién más puede utilizar los desfibriladores externos en la Comunidad de Madrid?

a) Solo el personal de seguridad privada.
b) Todas aquellas personas que estén en posesión de los conocimientos mínimos y básicos necesarios, tras la realización de un programa de formación específico.
c) Cualquier persona en una situación de emergencia, sin necesidad de formación previa.
d) Únicamente los bomberos.

9. ¿Qué contenido debe incluir, al menos, el programa de formación inicial y continuada para el uso de desfibriladores externos por personal no sanitario?

a) Solamente el uso del desfibrilador externo.
b) Introducción teórica (cadena de supervivencia, parada cardiorrespiratoria, RCP básica, DESA) y prácticas (RCP básica, uso del DESA).
c) Solo la reanimación cardiopulmonar básica.
d) Primeros auxilios generales y evacuación de edificios.

10. ¿Cuál es la finalidad principal del Registro Madrileño de Desfibriladores Externos?

a) Recopilar datos sobre la marca y modelo de los DESA más utilizados.
b) Dotar a los Servicios de Emergencias Sanitarias de la Comunidad de Madrid (SUMMA 112) de un mapa geográfico completo del despliegue de los desfibriladores.
c) Gestionar la compra centralizada de desfibriladores por parte de la Comunidad de Madrid.
d) Ofrecer un directorio de empresas de mantenimiento de DESA.

11. Según la actualización de 2020 del Manual P.H.T.L.S., ¿cuál es la principal causa prevenible de muerte en el paciente politraumatizado que llevó a la modificación del algoritmo ABCDE a XABCDE?

a) Obstrucción de la vía aérea.
b) Problemas respiratorios graves.
c) Exanguinación.
d) Discapacidad neurológica.

12. El concepto de '10 minutos de platino' se refiere al tiempo del que dispone el personal de urgencias prehospitalarias para:

a) Realizar el traslado al centro hospitalario definitivo.
b) Atender a un paciente politraumatizado y trasladarlo al hospital.
c) Detectar y tratar todas las lesiones vitales.
d) Estabilizar completamente al paciente antes del traslado.

13. Según las Guías ERC 2021, ¿cuál es la finalidad principal del ERC en relación con la resucitación?

a) Promover exclusivamente la investigación básica sin foco asistencial.
b) Asegurar que la resucitación de alta calidad esté disponible universalmente y preservar la vida.
c) Establecer estándares solo para neonatología.
d) Regular la industria de productos sanitarios.

14. Las Guías ERC 2021 se basan en los Consensos sobre la Ciencia y Recomendaciones de Tratamiento (CoSTR) de ILCOR. ¿Qué implica esto?

a) Que ERC adopta las recomendaciones de ILCOR cuando existen y, en su ausencia, emite consenso propio.
b) Que ERC ignora los CoSTR y publica guías independientes cada año.
c) Que ILCOR aprueba por ley las guías nacionales.
d) Que solo se publican guías si hay ensayos aleatorizados multicéntricos.

15. El ciclo ordinario de actualización de las recomendaciones del ERC es de:

a) Dos años.
b) Cinco años, con actualizaciones prioritarias si surge nueva evidencia relevante.
c) Diez años.
d) Anual, sin excepciones.

16. Según el Decreto 78/2017 de la Comunidad de Madrid, un desfibrilador externo es un producto sanitario que:

a) Analiza ritmo, identifica arritmias mortales y administra descarga para restablecer un ritmo viable.
b) Solo emite avisos sonoros sin capacidad de desfibrilar.
c) Requiere siempre intervención médica para interpretar el ritmo.
d) No precisa marcado CE si está en un espacio público.

17. ¿Qué espacios están obligados a disponer de al menos un desfibrilador, según el Decreto 78/2017?

a) Grandes establecimientos comerciales con superficie de exposición y venta > 2.500 m².
b) Cualquier comercio con más de 5 empleados.
c) Centros veterinarios sin afluencia pública.
d) Bibliotecas privadas sin aforo.

18. En materia de transporte, ¿qué estaciones deben disponer de desfibrilador, según el Decreto 78/2017?

a) Solo estaciones de metro con más de 10.000 usuarios diarios.
b) Estaciones de autobuses y ferrocarril en poblaciones > 50.000 habitantes y aquellas con afluencia media diaria ≥ 5.000 personas.
c) Únicamente aeropuertos de categoría internacional.
d) Estaciones con aforo ≥ 2.000, sin atender a afluencia.

19. Respecto a instalación y señalización, el Decreto 78/2017 exige que los DESA:

a) No estén conectados a SUMMA 112 para evitar falsas alarmas.
b) Estén conectados a la red de emergencias SUMMA 112 y señalizados con simbología ILCOR y teléfono 112 visible.

c) Se instalen sin instrucciones de uso para evitar manipulaciones.

d) Se almacenen ocultos para evitar vandalismo.

20. Tras la utilización de un DESA fuera del ámbito sanitario, el responsable del espacio debe notificar el uso en un plazo máximo de:

a) 24 horas.

b) 48 horas.

c) 72 horas, remitiendo el formulario y el registro digital del evento.

d) 15 días naturales.

En MADTEST tienes **más preguntas de este tema**, y todos tus avances quedan registrados y se reflejan en el ranking.

¡Supera tus límites con MADTEST!

Solución al test n.º 22

1. c) Decreto 78/2017, de 12 de septiembre.

2. b) Mejorar las expectativas de supervivencia gracias a la desfibrilación eléctrica precoz y la solidaridad ciudadana.

3. c) Grandes establecimientos comerciales con una superficie de exposición y venta superior a 2.500 m^2.

4. b) Ostentar el marcado CE y cumplir con el Real Decreto 1591/2009.

5. d) La red de emergencias de la Comunidad de Madrid SUMMA 112.

6. c) Quince días.

7. b) El aviso y activación de los Servicios de Emergencias a través del teléfono 112.

8. b) Todas aquellas personas que estén en posesión de los conocimientos mínimos y básicos necesarios, tras la realización de un programa de formación específico.

9. b) Introducción teórica (cadena de supervivencia, parada cardiorrespiratoria, RCP básica, DESA) y prácticas (RCP básica, uso del DESA).

10. b) Dotar a los Servicios de Emergencias Sanitarias de la Comunidad de Madrid (SUMMA 112) de un mapa geográfico completo del despliegue de los desfibriladores.

11. c) Exanguinación.

12. b) Atender a un paciente politraumatizado y trasladarlo al hospital.

13. b) Asegurar que la resucitación de alta calidad esté disponible universalmente y preservar la vida.

14. a) Que ERC adopta las recomendaciones de ILCOR cuando existen y, en su ausencia, emite consenso propio.

15. b) Cinco años, con actualizaciones prioritarias si surge nueva evidencia relevante.

16. a) Analiza ritmo, identifica arritmias mortales y administra descarga para restablecer un ritmo viable.

17. a) Grandes establecimientos comerciales con superficie de exposición y venta > 2.500 m².

18. b) Estaciones de autobuses y ferrocarril en poblaciones > 50.000 habitantes y aquellas con afluencia media diaria ≥ 5.000 personas.

19. b) Estén conectados a la red de emergencias SUMMA 112 y señalizados con simbología ILCOR y teléfono 112 visible.

20. c) 72 horas, remitiendo el formulario y el registro digital del evento.

TEST N.º 23

Atención sanitaria especial en situaciones de emergencias: el triaje en el SUMMA 112. Tarjeta. Dispositivos de administración de oxígeno medicinal. Indicaciones para la administración de oxígeno medicinal. Cálculo de consumo de oxígeno

1. ¿Por qué aspectos no viene determinado el triaje?

a) Por la eficiencia de los recursos sanitarios.
b) Por la distancia hasta los hospitales adecuados y la atención especializada hospitalaria.
c) Por el número de víctimas y la tipología de las lesiones.
d) Viene determinado por todos los anteriores.

2. ¿Qué principios ante la actuación en un triaje es incorrecto?

a) Mediante este se tiene que identificar a los pacientes críticos de los leves, o bien de los que no se puede realizar ninguna técnica para salvarles la vida.
b) Las técnicas que se utilizarán para salvar la vida del paciente en un primer triaje serán la desobstrucción de la vía aérea y técnicas de hemostasia.
c) La lesión anatómica prevalece por encima de la conservación de la vida.
d) Ante la decisión de salvar un miembro, la vida de la persona tiene preferencia sobre el resto de patologías.

3. ¿Cuántos minutos se emplearán para determinar en un triaje una víctima como grave?

a) 1.
b) 3.
c) 10.
d) 20.

4. ¿Cuántos tiempo se empleará para determinar en un triaje que una víctima ha fallecido o no tiene posibilidad de vivir?

a) Escasos segundos.
b) 30 segundos.

c) 2 minutos.
d) 5 minutos.

5. ¿Con qué color se identificará el triaje de una víctima que no tiene posibilidad de vivir?

a) Azul.
b) Negro.
c) Rojo.
d) Verde.

6. ¿Con qué color se identificará el triaje de una víctima considerada grave?

a) Azul.
b) Negro.
c) Rojo.
d) Verde.

7. ¿Cuándo un triaje excepcionalmente no será completo, es decir, cuándo algunas víctimas dejarán de ser registradas y evaluadas?

a) Nunca.
b) En víctimas muy graves.
c) En víctimas que no tienen posibilidades de vivir.
d) Si las condiciones meteorológicas no son propicias y no lo permiten.

8. ¿Qué tipos de amenazas son más frecuentes ante una situación de intervención en múltiples víctimas?

a) Muerte súbita.
b) Hemorragias y asfixia.
c) Infarto agudo de miocardio y asfixia.
d) Shock, hemorragias y asfixia.

9. Durante el primer triaje no hay que gastar más tiempo de:

a) 1 minuto por paciente.
b) 2 minutos por paciente.
c) 5 minutos por paciente.
d) 10 minutos por paciente.

10. ¿Qué prioridad poseerán los pacientes con color rojo en triaje?

a) Prioridad 1.
b) Prioridad 2.

c) Prioridad 3.
d) Prioridad 4.

11. ¿Qué prioridad poseerán los pacientes con urgencia en triaje y qué color se le asignará?

a) Serán de prioridad 1 y de color amarillo.
b) Serán de prioridad 2 y de color amarillo.
c) Serán de prioridad 1 y de color verde.
d) Serán de prioridad 2 y de color rojo.

12. ¿Qué prioridad en triaje tendrán los pacientes con lesiones incompatibles con la vida?

a) Prioridad 3.
b) Prioridad 2.
c) Prioridad 1.
d) Prioridad 0.

13. ¿Qué prioridad en triaje tendrán los pacientes con lesiones tales como: heridas, fracturas o/y contusiones?

a) Prioridad 3.
b) Prioridad 2.
c) Prioridad 1.
d) Prioridad 0.

14. ¿Qué puntuación en la plantilla Trauma Score (segundo triaje) tendrá en el ítem frecuencia respiratoria (FR) si esta es de 35 por minuto?

a) 4.
b) 3.
c) 2.
d) 1.

15. ¿Qué tipo de pacientes irán a la zona verde (pacientes verdes) o base en un primer triaje tras accidente?

a) Irán aquellos que han fallecido.
b) Irán aquellos que caminan.
c) Irán aquellos que no caminan.
d) Irán aquellos que están muy graves.

16. ¿De qué color es la zona de socorro en un primer triaje?

a) Rojo.
b) Azul.

c) Amarillo.

d) Verde.

17. ¿Qué tipo de identificación utiliza el SUMMA en las intervenciones con múltiples víctimas?

a) La tarjeta de triaje Tassica I.

b) La tarjeta de triaje Tassica II.

c) La tarjeta START (*simple triaje and rapid treatment*).

d) La tarjeta MRCC.

18. ¿Qué profesionales son los que exclusivamente podrán etiquetar a una víctima como "prioridad nula" o "azul" en caso de presentar lesiones que hagan evidente su nula capacidad de supervivencia?

a) Enfermeros.

b) Médicos.

c) Técnicos de emergencias sanitarias.

d) Personal de rescate (bomberos, etc.).

19. ¿Qué actuaciones inmediatas se llevarán a cabo con las víctimas triadas como "rojas"?

a) Colocación de Guedel si el paciente está inconsciente.

b) Control de hemorragias externas activas.

c) Situar a los pacientes con ausencia de pulsos radial en la posición anti-shock (piernas elevadas).

d) Colocación de Guedel si el paciente está inconsciente y control de hemorragias externas activas.

20. ¿Con qué color coincide el valor total 9 en la tabla o escala de triaje?

a) Rojo.

b) Verde.

c) Azul.

d) Negro.

En MADTEST tienes **más preguntas de este tema**, y todos tus avances quedan registrados y se reflejan en el ranking.

¡Supera tus límites con MADTEST!

Solución al test n.º 23

1. d) Viene determinado por todos los anteriores.

2. c) La lesión anatómica prevalece por encima de la conservación de la vida.

3. b) 3.

4. b) 30 segundos.

5. a) Azul.

6. c) Rojo.

7. d) Si las condiciones meteorológicas no son propicias y no lo permiten.

8. d) Shock, hemorragias y asfixia.

9. a) 1 minuto por paciente.

10. a) Prioridad 1.

11. b) Serán de prioridad 2 y de color amarillo.

12. d) Prioridad 0.

13. a) Prioridad 3.

14. b) 3.

15. b) Irán aquellos que caminan.

16. c) Amarillo.

17. b) La tarjeta de triaje Tassica II.

18. b) Médicos.

19. d) Colocación de Guedel si el paciente está inconsciente y control de hemorragias externas activas.

20. a) Rojo.

TEST N.º 24

Código 0 en la Comunidad de Madrid. Apoyo a la IOT: identificación del material. Apoyo a la canalización de vías: identificación del material

1. ¿Cómo se denomina el procedimiento de actuación clínico asistencial en el que se coordina el SUMMA 112 y dos hospitales de la Comunidad de Madrid con el objetivo de conseguir donaciones de órganos en pacientes a "corazón parado"?

a) Corazón despierto.
b) Código plus.
c) Código 0.
d) Trasplante a la vista.

2. ¿Qué se consigue con el código 0?

a) La gestión de una donación viable por parte del Coordinador de Trasplantes del hospital receptor.
b) La posibilidad de un candidato con sus órganos en las condiciones ideales para que el trasplante sea realizado.
c) Que haya un mayor número de donaciones de órganos y, por tanto, salvar vidas de pacientes.
d) Se consigue todo lo anteriormente expuesto.

3. ¿Qué entidad de las expuestas no entra a formar parte del Código 0?

a) Hospital Universitario Puerta de Hierro.
b) SUMMA 112 en coordinación con la Oficina Regional de Coordinación de Trasplantes.
c) Hospital Universitario Clínico Doce de Octubre.
d) Hospital Universitario Clínico San Carlos.

4. ¿Qué edad de estas no poseerá nunca un donante en asistolia no controlada?

a) 16 años.
b) 24 años.
c) 45 años.
d) 65 años.

5. ¿Qué tiempo de RCP avanzada tendrá al menos un donante en asistolia no controlada?

a) De al menos 5 minutos.
b) De al menos 10 minutos.
c) De al menos 20 minutos.
d) De al menos 60 minutos.

6. ¿Con qué tiempo deberá llegar un donante en asistolia no controlada al hospital?

a) Tiempo inferior a media hora.
b) Tiempo inferior a una hora.
c) Tiempo inferior a dos horas.
d) Tiempo inferior a 24 horas.

7. ¿Cuál de estos no es un criterio de inclusión de donante en asistolia no controlada?

a) Inicio de soporte vital avanzado desde el comienzo de la parada, no superior a 15 minutos.
b) Ausencia de lesiones exanguinantes en tórax y abdomen.
c) Paciente que ha sufrido una parada cardiorrespiratoria no presenciada.
d) Electrocardiograma de asistolia.

8. ¿Quién es el que contacta con la Mesa de Enfermería del Centro Coordinador del SUMMA 112 para activar todo el mecanismo de coordinación que implica el código 0, en el momento que descarta la supervivencia del paciente?

a) El personal del soporte vital básico.
b) Los bomberos que asistieron al siniestro.
c) El personal del soporte vital avanzado.
d) Nada de lo anterior es cierto.

9. ¿A quién llama la Mesa de Enfermería del Centro Coordinador del SUMMA112 de Madrid donde se trasmite los datos clínicos del paciente y verifica los criterios de inclusión como donante?

a) Al Hospital Universitario Clínico Doce de Octubre.
b) Al Hospital Universitario Clínico San Carlos.
c) Al Hospital Universitario Gregorio Marañón.
d) Llama a los hospitales indicados en a) y b).

10. ¿Quién se coordina con la unidad asistencial que llevará los órganos del donante, con el fin de permitir un traslado seguro y continuo hasta el hospital aceptado para la donación?

a) Summa 112.
b) Policía o Guardia Civil de Tráfico.
c) Militares del ejército de tierra.
d) La UME.

11. ¿Qué se debe consultar para conocer antecedentes del paciente una vez se confirma por la mesa de enfermería del SUMMA 112 los criterios de inclusión en el procedimiento?

a) La base de datos de la SS.
b) El HORUS.
c) La FiO2.
d) El OSIRIS.

12. ¿Qué hospital se prioriza en Madrid en caso de traslado en Helicóptero Sanitario?

a) Hospital Universitario Clínico Doce de Octubre.
b) Hospital Universitario Clínico San Carlos.
c) Hospital Universitario Gregorio Marañón.
d) Hospital Universitario Puerta de Hierro.

13. ¿Qué hospital se prioriza en Madrid en caso de pacientes menores de 18 años?

a) Hospital Universitario Clínico Doce de Octubre.
b) Hospital Universitario Clínico San Carlos.
c) Hospital Universitario Gregorio Marañón.
d) Hospital Universitario Puerta de Hierro.

14. ¿Qué es muy importante en el traslado de donantes en el procedimiento de actuación y activación?

a) Uso prioritario del EEG.
b) Uso prioritario de la capnografía.
c) Uso prioritario del ECG.
d) Uso prioritario del EMG.

15. ¿Qué es muy importante en el procedimiento de actuación y activación en donantes a nivel de compresiones torácicas?

a) Utilizar balón resucitador para evitar sobrepresiones con el Cardiocompresor.
b) Evitar hacer una intubación orotraqueal del paciente.
c) El uso del cardiocompresor mecánico.
d) Toma de tensiones continuas.

16. ¿Qué tiempo de estos no es necesario recabar durante el procedimiento de actuación y activación en donantes, ya que se podrá hacer en otro momento?

a) Hora en la que se produce la parada cardiorrespiratoria y hora de inicio de maniobras de RCP básica.
b) Hora de transferencia en el hospital de recepción.

c) Edad del vehículo donante.
d) Hora de inicio de maniobras de RCP avanzada.

17. ¿Cómo se denomina la escala que se emplea para la visión de la glotis y se utiliza para valorar la dificultad de la intubación?

a) Escala de Glasgow.
b) Escala de Cormak-Lehane.
c) Escala de Tinneti.
d) Escala de Manchester.

18. ¿A qué grado de la Escala de Cormak-Lehane se corresponde aquella en la que es imposible ver la epiglotis?

a) Grado.
b) Grado II.
c) Grado III.
d) Grado IV.

19. ¿Qué afirmación es falsa de la intubación orotraqueal?

a) Se coloca esta vía en la tráquea a través de la boca.
b) Dicha intubación es una técnica de aislamiento no definitivo de la vía aérea.
c) Es la inserción de una vía aérea artificial.
d) Se emplea para ello la cánula de Guedel.

20. ¿Cómo se denomina también la cánula de Guedel?

a) Cánula nasal.
b) Cánula spray.
c) Tubo de Mayo.
d) Cánula Yankauer.

En MADTEST tienes **más preguntas de este tema**, y todos tus avances quedan registrados y se reflejan en el ranking.

¡Supera tus límites con MADTEST!

Solución al test n.º 24

1. c) Código 0.

2. d) Se consigue todo lo anteriormente expuesto.

3. a) Hospital Universitario Puerta de Hierro.

4. d) 65 años.

5. c) De al menos 20 minutos.

6. c) Tiempo inferior a dos horas.

7. c) Paciente que ha sufrido una parada cardiorrespiratoria no presenciada.

8. c) El personal del soporte vital avanzado.

9. d) Llama a los hospitales indicados en a) y b).

10. b) Policía o Guardia Civil de Tráfico.

11. b) El HORUS.

12. a) Hospital Universitario Clínico Doce de Octubre.

13. b) Hospital Universitario Clínico San Carlos.

14. b) Uso prioritario de la capnografía.

15. c) El uso del cardicompresor mecánico.

16. c) Edad del vehículo donante.

17. b) Escala de Cormak-Lehane.

18. d) Grado IV.

19. b) Dicha intubación es una técnica de aislamiento no definitivo de la vía aérea.

20. c) Tubo de Mayo.

TEST N.º 25

Atención sanitaria en víctimas traumáticas: material de inmovilización, material de movilización empleados en el SUMMA 112

1. ¿A qué hay que prestar gran atención en el manejo de víctimas traumáticas extrahospitalarias?

a) Solo a la inmovilización de pacientes.
b) Solo a la movilización de pacientes.
c) Al bloque inmovilización/movilización.
d) A nada de lo anterior.

2. ¿Qué haremos de la forma más apropiada ante una extracción de urgencias de una víctima en zona no segura que ha sufrido un gran traumatismo?

a) Solo lo movilizaremos para dejarlo en zona segura.
b) Solo lo inmovilizaremos para disminuir riesgos de lesiones secundarias al moverse o moverlo.
c) Primero lo movilizaremos para colocarlo en zona segura y posteriormente procederemos a su inmovilización.
d) Primero lo inmovilizaremos para disminuir riesgos y posteriormente procederemos a su movilización para colocarlo en zona segura.

3. ¿Qué afirmación es incorrecta respecto a la inmovilización y uso de inmovilizadores?

a) Los inmovilizadores son ampliamente usados en servicios de urgencia y centros de atención primaria.
b) Existen diferentes medios de inmovilización, los cuales permiten una inmovilización parcial o total.
c) Nunca forman parte del tratamiento definitivo de diferentes lesiones osteo-musculares como esguinces, fracturas y luxaciones reducidas.
d) La inmovilización disminuye el dolor y sangrado y previniendo un mayor daño secundario al movimiento y compromiso de partes blandas, vascular y neurológico.

4. ¿Qué objetivo de estos se pretende con la inmovilización del paciente?

a) Movilizar al paciente en condiciones ideales para evitar agravar sus lesiones.
b) Reducir el dolor y un posible shock causado por el mismo.
c) Evitar en lo posible los efectos de una lesión traumática.
d) Son todos los anteriores.

5. ¿Qué estructura se inmoviliza con el collarín Ambu?

a) Columna cervical.
b) Mandíbula.
c) Columna dorsocervical.
d) Musculatura intercostal primaria.

6. ¿Qué tipo de alineación cervical se consigue con el collarín Ambu?

a) Aguda.
b) Neutra.
c) Activa.
d) Pasiva.

7. ¿Qué nos permite una alineación cervical neutra con el collarín ambu?

a) La prevención de la inclinación lateral.
b) La prevención de la flexión anterior-posterior.
c) La prevención de la extensión de la columna cervical durante el transporte y el tratamiento o el traslado habitual de los pacientes.
d) Nos permite la prevención de todos los anteriores movimientos.

8. ¿Cuántos tamaños diferentes tiene el collarín ambu Perfit Ace?

a) 5.
b) 11.
c) 16.
d) 21.

9. ¿Cuál es el primer paso del collarín cervical ambu?

a) Medir la distancia que existe entre un plano imaginario trazado horizontalmente justo por debajo de la barbilla del paciente y un segundo plano horizontal trazado justo por encima del hombro del paciente.
b) Control cervical de la víctima por personal sanitario.
c) Colocar el collarín al enfermo.
d) Desbloquear los cierres de seguridad presionando hacia abajo los botones de seguridad.

10. ¿Por dónde debe estar abierto el collarín cervical antes de su cierre para ajustarlo apropiadamente?

a) Por la abertura traqueal.
b) Por el espinazo cervical.
c) Sobre músculos escalenos.
d) Nada de lo anterior es cierto.

11. ¿Cuántas personas son necesarias para colocar adecuadamente el collarín ambu?

a) 1.
b) 2.
c) 3.
d) Ninguna, se lo coloca la propia víctima.

12. El inmovilizador tetracameral se denomina también:

a) Inmovilizador Perfit Ace.
b) Dama de Elche.
c) Dama de Baza.
d) Inmovilizador de Streming.

13. ¿Qué movimientos inmoviliza o evita la Dama de Elche durante el traslado del paciente, utilizándose conjuntamente con el collarín?

a) Los movimientos laterales de la cabeza.
b) Los movimientos oblicuos de la cabeza.
c) Los movimientos de flexión de la cabeza.
d) Los movimientos de extensión de la cabeza.

14. ¿Qué capacidad de carga tiene la camilla tijera?

a) 90 kg.
b) 140 kg.
c) 180 kg.
d) 220 kg.

15. ¿Qué largo por ancho tiene abierta la camilla tijera (en cm)?

a) 185 x 33.
b) 195 x 42.
c) 205 x 47.
d) 2305 x 92.

16. Todo lo que se expone de la camilla tijera es cierto, excepto que:

a) Es una camilla con forma cóncava.
b) Es una camilla radiopaca, que está diseñada para inmovilizar y transportar a los pacientes.
c) Se puede abrir en dos mitades y se regula en longitud.
d) Posee la finalidad de facilitar la recogida del paciente con una combinación de material plástico con aluminio.

17. El dispositivo de Kendrick es:

a) El colchón de vacío.
b) El collarín cervical.
c) El tablero espinal.
d) El chaleco espinal.

18. ¿Qué parte de nuestra anatomía inmoviliza el dispositivo de Kendrick o Fernoked?

a) Cabeza.
b) Extremidades superiores.
c) Cabeza y tronco.
d) Extremidades inferiores.

19. ¿En qué orden de arriba abajo van las cintas de color del dispositivo de Kendrick para realizar la sujeción del tórax?

a) Amarillo, verde y rojo.
b) Verde, amarillo y rojo.
c) Rojo, verde y amarillo.
d) Rojo, amarillo y verde.

20. ¿Dónde se colocan las cintas negras de forma circular en el paciente que forman parte del chaleco espinal?

a) En los brazos.
b) En las piernas.
c) En el cuello.
d) En la cintura pelviana.

En MADTEST tienes **más preguntas de este tema**, y todos tus avances quedan registrados y se reflejan en el ranking.

¡Supera tus límites con MADTEST!

Solución al test n.º 25

1. c) Al bloque inmovilización/movilización.

2. c) Primero lo movilizaremos para colocarlo en zona segura y posteriormente procederemos a su inmovilización.

3. c) Nunca forman parte del tratamiento definitivo de diferentes lesiones osteo-musculares como esguinces, fracturas y luxaciones reducidas (ver apartado 2.).

4. d) Son todos los anteriores.

5. a) Columna cervical.

6. b) Neutra.

7. d) Nos permite la prevención de todos los anteriores movimientos.

8. c) 16.

9. b) Control cervical de la víctima por personal sanitario.

10. a) Por la abertura traqueal.

11. b) 2.

12. b) Dama de Elche.

13. a) Los movimientos laterales de la cabeza.

14. c) 180 kg.

15. b) 195 x 42.

16. b) Es una camilla radiopaca, que está diseñada para inmovilizar y transportar a los pacientes.

17. d) El chaleco espinal.

18. c) Cabeza y tronco.

19. b) Verde, amarillo y rojo.

20. b) En las piernas.

TEST N.º 26

Evacuación y traslado de paciente: tipos de transporte sanitario. Posicionamiento del vehículo de emergencias dependiendo de tipo de emergencia. Descripción de los métodos balizamiento: triángulos de emergencias y su actualización

1. ¿Cómo se denomina el traslado mediante desplazamiento de personas enfermas, accidentadas o por otra razón clínica, en vehículos especialmente acondicionados al efecto?

a) Trasvase sanitario.
b) Desplazamiento sanitario.
c) Transporte sanitario.
d) Movilización sanitaria.

2. Todo lo que se dice del transporte sanitario es cierto, excepto que:

a) Durante el traslado del enfermo, y cuando sea necesario se intenta mantener apropiadamente su estado general.
b) Se emplea, para el mismo, vehículos especiales.
c) No es prestación sanitaria.
d) Normalmente se produce desde el lugar de siniestro al centro hospitalario o desde el domicilio del paciente al centro hospitalario, o entre hospitales.

3. Indica a qué tipo de clasificación hago referencia si digo que el "carácter del transporte" es:

a) Primario.
b) Aéreo.
c) Urgente.
d) Marítimo.

4. ¿Qué tipo de prestaciones complementarias del Sistema Nacional de Salud es el transporte sanitario?

a) Normal.
b) Compensadora.

c) Complementaria.
d) Obligatoria.

5. ¿Cómo se clasificarían los tipos de transportes sanitarios dependiendo de la urgencia vital que posean los mismos?

a) Terrestre, aéreo o marítimo.
b) Primario, secundario o terciario.
c) Emergente, urgente, demorable.
d) Ninguno de los anteriores.

6. ¿Qué carácter tendrá el hecho de que el paciente toma por primera vez contacto con los equipos sanitarios y no el medio de transporte que se emplee, yendo desde el domicilio o siniestro al centro hospitalario?

a) Primario.
b) Secundario.
c) Terciario.
d) Cualquiera de los anteriores.

7. ¿Cómo se denomina el transporte sanitario que se realiza entre dos centros sanitarios?

a) Primario.
b) Secundario.
c) Terciario.
d) Intercentro.

8. ¿Cómo se realizará aquel transporte primario donde se traslada a un paciente desde un centro sanitario a otro de más alto nivel?

a) En helicóptero.
b) En soporte vital básico.
c) En soporte vital avanzado.
d) Urgentemente.

9. ¿Cuál puede ser el motivo de un transporte secundario?

a) Para que el paciente pueda recibir cuidados específicos.
b) Para realizar al paciente una prueba diagnóstica de la que carezca el centro emisor.
c) Para trasladarse al centro sanitario de la zona geográfica que le corresponda.
d) Todos los anteriores pueden ser motivos de transporte secundario.

10. ¿Qué tipo de transporte sanitario será aquel que surge cuando un paciente es ingresado de urgencia por motivo de un accidente o enfermedad grave en un hospital, pero debido a su patología requiere otro hospital de más nivel?

a) Primario.
b) Secundario.
c) Terciario.
d) Intercentro.

11. ¿Qué tipo de transporte sanitario es aquel que se produce en el propio centro hospitalario como, por ejemplo, desde planta hasta la sala de RM?

a) Primario.
b) Secundario.
c) Terciario.
d) Cuaternario.

12. ¿Qué tipo de transporte sanitario es el más frecuente de todos?

a) Primario.
b) Secundario.
c) Terciario.
d) Ninguno de los anteriores.

13. ¿Cómo se denomina el transporte sanitario que se realiza con pacientes que necesitan atención sanitaria inmediata, por encontrarse en situación de riesgo vital inminente?

a) Urgente.
b) Emergente.
c) Demorable.
d) Habitual.

14. ¿Qué característica del transporte sanitario emergente es incorrecta?

a) Se le da prioridad desde el momento en que se da el aviso.
b) Es aquel que se pone en marcha sin demora.
c) Entraña riesgo vital pero no de manera inmediata.
d) Es aquel que posee una prioridad absoluta.

15. ¿Qué tipo de avisos pueden necesitar transporte sanitario emergente? ..

a) Donde el incidente se produce en vía pública.
b) Donde el incidente se produce en domicilio.
c) Donde el incidente se produce por accidentes de tráfico o laborales
d) Es posible en todas las situaciones anteriores.

16. El transporte sanitario que se realiza con pacientes con patologías que pueden entrañar riesgo vital o disfunción orgánica grave, pero en los que en principio no se supone que de forma inmediata esté en peligro la vida se llama:

a) Demorable.
b) Emergente.
c) Urgente.
d) Intracentro.

17. ¿Cómo se denominan aquellos transportes sanitarios que se realizan a centros sanitarios de una manera regular para la hemodiálisis del paciente que la requiera, sin riesgo vital del mismo?

a) Emergentes.
b) Demorables no urgentes.
c) Urgentes.
d) Demorables periódicos.

18. El transporte de un enfermo en tren es de tipo:

a) Aéreo.
b) Normal.
c) Terrestre.
d) Marítimo.

19. ¿Qué tipo de transporte sanitario generalmente se realizará si la distancia es de 95 km?

a) Se realizará generalmente en helicóptero
b) Se realizará generalmente en ambulancia.
c) Se realizará generalmente en avión.
d) Se realizará generalmente en tren.

20. Si la distancia del transporte sanitario supera los 300 km se hará generalmente en:

a) Helicóptero.
b) Ambulancia.
c) Avión.
d) Lancha rápida.

En MADTEST tienes **más preguntas de este tema**, y todos tus avances quedan registrados y se reflejan en el ranking.

¡Supera tus límites con MADTEST!

Solución al test n.º 26

1. c) Transporte sanitario.

2. c) No es prestación sanitaria.

3. a) Primario.

4. c) Complementaria.

5. c) Emergente, urgente, demorable.

6. a) Primario.

7. b) Secundario.

8. c) En soporte vital avanzado.

9. d) Todos los anteriores pueden ser motivos de transporte secundario.

10. b) Secundario.

11. c) Terciario.

12. c) Terciario.

13. b) Emergente.

14. c) Entraña riesgo vital pero no de manera inmediata.

15. d) Es posible en todas las situaciones anteriores.

16. c) Urgente.

17. d) Demorables periódicos.

18. c) Terrestre.

19. b) Se realizará generalmente en ambulancia.

20. c) Avión.

**Fisiología del transporte sanitario: concepto de fisiopatología.
Posiciones de espera y traslado de pacientes.
Normas de seguridad en helitransporte sanitario en el SUMMA 112**

1. ¿De qué tipo de energía se trata cuando producimos una modificación de pH de una sustancia?

a) De energía física.
b) De energía química.
c) De energía térmica.
d) De energía biológica.

2. ¿Qué se define como todo aquel suceso dañino producido por alguna forma concreta de la energía?

a) Insolación.
b) Abrasión.
c) Lesión.
d) Erosión.

3. ¿Qué ciencia trata de describir los mecanismos lesivos, dando una explicación de las lesiones producidas en el organismo?

a) Ergonomía.
b) Fisiopatología.
c) Biomecánica.
d) Bioingeniería.

4. ¿Qué tipos de medios empleados en Ingeniería para reducir las consecuencias de los accidentes usan mecanismos de seguridad activa?

a) Parachoques.
b) Cascos.
c) Pretensores de cinturón de seguridad.
d) Airbags.

5. ¿Qué tipo de aceleraciones/desaceleraciones son más significativas en la ambulancias?

a) Son más significativas las aceleraciones en sentido transversal.
b) Son más significativas las aceleraciones en sentido longitudinal.
c) Son más significativas las desaceleraciones en sentido transversal.
d) Son más significativas las desaceleraciones en sentido longitudinal.

6. ¿En qué se traducen más frecuentemente sobre el paciente en traslado las aceleraciones en sentido longitudinal?

a) Se manifiestan como alteraciones hemodinámicas (por movilizaciones de volumen sanguíneo de unas zonas a otras).
b) Se manifiestan como alteraciones gaseosas (por movilizaciones de gases en las zonas de intercambio capilar).
c) Se manifiestan como lesiones traumáticas (por desplazamiento de estructuras orgánicas).
d) Son ciertas las respuestas a) y c).

7. La aceleración por arranque brusco puede provocar:

a) Mareos e hipertensión.
b) Bradicardia e hipertensión.
c) Taquicardia e hipotensión.
d) Hipertermia e hipertensión.

8. ¿Qué efecto de estos no produce la aceleración negativa o frenazo?

a) Bradicardia.
b) Aumento de la PIC (Presión Intracraneal).
c) Hipotensión arterial.
d) Daños en las vísceras por fuerzas de acción directa o bien por cizallamiento.

9. ¿Dónde serán más intensas las aceleraciones producidas en el helitransporte sanitario?

a) Serán más intensas en dirección longitudinal y anteroposterior.
b) Serán más intensas en dirección longitudinal y trasversal.
c) Serán más intensas en dirección transversal y anteroposterior.
d) Serán más intensas en direcciones oblicuas.

10. ¿Qué cantidad de vibración (en Hz) se producirá en una ambulancia parada con el motor en marcha?

a) 1.
b) 4.
c) 9.
d) 12,5.

11. ¿A partir de qué nivel de vibración se produce una destrucción hística, especialmente en los capilares sanguíneos, aumentando, considerablemente, el riesgo de hemorragias, sobre todo en pacientes politraumatizados?

a) Si se sobrepasa los 5 Hz.
b) Si se sobrepasa los 8 Hz.
c) Si se sobrepasa los 12 Hz.
d) Si se sobrepasa los 20 Hz.

12. ¿A qué vibración en una ambulancia puede aparecer dolor abdominal?

a) Entre 4,5 y 7 Hz.
b) Entre 7 y 12 Hz.
c) Entre 9 y 14,5 Hz.
d) > 20 Hz.

13. ¿Sobre qué aparatos de la ambulancia puede actuar la vibración generando artefactos?

a) Sobre monitor de tensión arterial y de ECG.
b) Sobre bombas.
c) Sobre pulsioxímetros.
d) Sobre todos los anteriores.

14. ¿Qué medida a tener en cuenta con respecto a las vibraciones es inadecuada en el traslado de pacientes en ambulancias?

a) Emplear amortiguación sobre camillas flotantes o/y colchones de vacío.
b) Poseer un estado óptimo de las suspensiones del vehículo y elegir las rutas lo más adecuadas posible.
c) Llevar a cabo el uso de la camilla cuchara durante el traslado.
d) Realizar una conducción cuidadosa y llevar a cabo una adecuada protección y fijación de material.

15. ¿Qué efectos de estos no produce el frío?

a) Descarga de baterías.
b) Arritmias.
c) Origina vasoconstricción periférica.
d) Aumenta el consumo de oxígeno.

16. ¿En qué tipo de traslados se producen exclusivamente trastornos en el paciente trasladado por efectos de la altitud?

a) En traslados marítimos.
b) En traslados aéreos.
c) En traslados terrestres por carretera.
d) En traslados terrestres por vía ferroviaria.

17. ¿Qué efectos de estos no se produce a mayor altitud?

a) Menor presión (y expansión de gases).
b) Mayor temperatura.
c) Menor concentración de O_2.
d) Se producen todos los anteriores.

18. ¿Qué niveles de ruido se alcanzan en un helicóptero?

a) Entre los 40-60 dB.
b) Entre los 60-90 dB.
c) Entre los -110 dB.
d) Entre los 120-180 dB.

19. ¿Por encima de cuántos decibelios existe riesgo de daño coclear, favorecido este si se produce a bajas frecuencias y condiciones individuales de la persona?

a) Existe riesgo a partir de 40 dB.
b) Existe riesgo a partir de 60 dB.
c) Existe riesgo a partir de 80 dB.
d) Existe riesgo a partir de 175 dB.

20. ¿Qué es falso de la posición de decúbito supino?

a) Es una posición utilizada para la exploración del tórax, abdomen, piernas y pies.
b) Se emplea para comenzar con la higiene del enfermo y como punto de partida para diferentes movilizaciones.
c) El plano del cuerpo es paralelo al plano del suelo y al plano horizontal de la cama o camilla.
d) Sus piernas están extendidas y sus brazos alineados a lo largo del cuerpo, estando el paciente acostado sobre su abdomen y pecho.

En MADTEST tienes **más preguntas de este tema**, y todos tus avances quedan registrados y se reflejan en el ranking.

¡Supera tus límites con MADTEST!

Solución al test n.º 27

1. b) De energía química.

2. c) Lesión.

3. c) Biomecánica.

4. c) Pretensores de cinturón de seguridad.

5. b) Son más significativas las aceleraciones en sentido longitudinal.

6. d) Son ciertas las respuestas a) y c).

7. c) Taquicardia e hipotensión.

8. c) Hipotensión arterial.

9. c) Serán más intensas en dirección transversal y anteroposterior.

10. b) 4.

11. c) Si se sobrepasa los 12 Hz.

12. a) Entre 4,5 y 7 Hz.

13. d) Sobre todos los anteriores.

14. c) Llevar a cabo el uso de la camilla cuchara durante el traslado.

15. d) Aumenta el consumo de oxígeno.

16. b) En traslados aéreos.

17. b) Mayor temperatura.

18. c) Entre los 90-110 dB.

19. c) Existe riesgo a partir de 80 dB.

20. d) Sus piernas están extendidas y sus brazos alineados a lo largo del cuerpo, estando el paciente acostado sobre su abdomen y pecho.

TEST N.º 28

Apoyo psicológico en situaciones de emergencia. Identificación y control de situaciones de crisis: duelo, tensión, agresividad, ansiedad y angustia. Trastornos psicológicos inmediatos. Aplicación y transmisión de serenidad y empatía

1. ¿Qué aspecto hay que valorar para que una reacción psicológica anormal se pueda convertir en patológica?

a) La tendencia al sueño diurno y los síntomas y su permanencia.
b) La forma de relacionarse con los otros y la vulnerabilidad del sujeto en cuestión.
c) Los síntomas y su permanencia.
d) Los síntomas, su permanencia y la vulnerabilidad del sujeto en cuestión.

2. ¿Qué reacción psicológica de estas consideras desajustada ante un hecho traumático?

a) Miedo.
b) Problemas de estado de ánimo y de consumo de sustancias.
c) Desconfianza.
d) Culpa.

3. ¿Qué reacción habitual y no patológica de estas es de tipo cognitivo?

a) Miedo.
b) Irritabilidad.
c) Pensamientos intrusivos sobre el suceso.
d) Nerviosismo.

4. ¿Qué síntomas relacionados con el estado de ánimo es expansivo?

a) Apatía.
b) Verborrea.
c) Tristeza.
d) Falta de concentración.

5. ¿Qué tipo de sustancias suelen consumir las personas con reacciones emocionales desajustadas tras un hecho traumático relevante?

a) Hidratos de carbono y proteínas (tipo carnitina).
b) Alcohol metílico e infusiones de hierbas.
c) Barbitúricos y vitaminas.
d) Alcohol etílico y benzodiacepinas.

6. ¿Cuándo se puede dar una reacción psicopatológica duradera tras un trauma de importancia?

a) Exclusivamente en el momento del trauma.
b) Exclusivamente despues del trauma.
c) Seis meses más tarde.
d) Inmediatamente, después del trauma, o seis meses más tarde.

7. ¿Qué situación ocurre cuando los síntomas que se producen en los sujetos impiden la vida laboral y social de las personas por su intensidad y duración, no pudiendo llevar una vida normalizada?

a) Reacción psíquica normal.
b) Reacción psíquica leve.
c) Reacción psíquica grave.
d) Nada de lo anterior suele ocurrir.

8. ¿A qué grupo pertenecen los voluntarios y sanitarios ante un evento traumático?

a) Al grupo de los afectados directamente por la catástrofe.
b) Al grupo de los no afectados directamente por la catástrofe, pero que intervienen directamente con las víctimas.
c) Al grupo de los familiares directos y allegados.
d) Al grupo de las poblaciones vecinas.

9. ¿Qué efecto se producirá en las poblaciones vecinas tras una catástrofe colectiva en el momento de la amenaza de la misma?

a) Pasividad.
b) Negatividad.
c) Agotamiento.
d) Hiperactividad ineficiente.

10. ¿Cómo se denomina el periodo comprendido entre que se insinúa o informa de la catástrofe y esta se produce?

a) Precrítico.
b) Crítico.

c) De reacción.
d) Poscrítico.

11. ¿En qué fase del periodo precrítico de una catástrofe se da la negación de la población y de las autoridades?

a) Fase previa.
b) Fase de gestión.
c) Fase de alerta.
d) Fase de amenaza.

12. ¿Cuánto suele durar el periodo crítico o de crisis de una catástrofe tras el impacto?

a) 12 horas.
b) 24 horas.
c) 48 horas.
d) 72 horas.

13. ¿Qué tipo de trastorno se dice que padecen las personas cuya situación se prolonga en el tiempo haciendo que quieran vivir de lo ocurrido, como si hiciesen de la catástrofe la carrera de su vida?

a) Neurosis de renta.
b) Neurosis de Freeman.
c) Neurosis de angustia.
d) Nada de lo anterior es cierto.

14. ¿Cuál es el objetivo general del apoyo psicológico?

a) Establecer los primeros auxilios psicológicos.
b) Facilitar la reorganización de la actividad social, familiar y laboral.
c) Aliviar el sufrimiento.
d) Dar protección, seguridad, y esperanza.

15. ¿Qué principio básico de los Primeros Auxilios Psicológicos (PAP) es dar información y conseguir una reacción adaptativa del individuo?

a) Inmediatez.
b) Proximidad
c) Simplicidad.
d) Expectativas.

16. ¿Qué nivel de intervención será aquel donde la tarea de los profesionales será llevar a cabo un programa de intervención en crisis?

a) I.
b) II.

c) III.
d) IV.

17. ¿Cómo se denomina la habilidad que posee el profesional de ponerse en el lugar de la otra persona que atiende?

a) Catarsis.
b) Sugestión.
c) Empatía.
d) Conexión.

18. ¿Cuál de estas no es una recomendación empleada para actuar ayudando a alguien que ha sufrido una situación de crisis?

a) Hay que facilitar que el afectado vuelva a realizar actividades de ocio.
b) Se debe ayudar en las tareas cotidianas, pero no en exceso.
c) No se debe interrumpir el apoyo repentinamente, hay que mantenerlo.
d) Son todas recomendaciones aceptables empleadas como ayuda.

19. ¿Cómo se denomina la intervención psicológica que se desarrolla como un proceso terapéutico breve encaminado a resolver la crisis?

a) Intervención de primera instancia.
b) Intervención de segunda instancia.
c) Intervención de tercera instancia.
d) Intervención de cuarta instancia.

20. ¿Qué situaciones de estas no generan estrés?

a) Falta de información.
b) La certidumbre.
c) Sensación de cambio.
d) Sensación de amenaza.

En MADTEST tienes **más preguntas de este tema**, y todos tus avances quedan registrados y se reflejan en el ranking.

¡Supera tus límites con MADTEST!

Solución al test n.º 28

1. d) Los síntomas, su permanencia y la vulnerabilidad del sujeto en cuestión.

2. b) Problemas de estado de ánimo y de consumo de sustancias.

3. c) Pensamientos intrusivos sobre el suceso.

4. b) Verborrea.

5. d) Alcohol etílico y benzodiacepinas.

6. d) Inmediatamente, después del trauma, o seis meses más tarde.

7. c) Reacción psíquica grave.

8. b) Al grupo de los no afectados directamente por la catástrofe, pero que intervienen directamente con las víctimas.

9. d) Hiperactividad ineficiente.

10. a) Precrítico.

11. a) Fase previa.

12. d) 72 horas.

13. a) Neurosis de renta.

14. a) Establecer los primeros auxilios psicológicos.

15. d) Expectativas.

16. c) III.

17. c) Empatía.

18. d) Son todas recomendaciones aceptables empleadas como ayuda.

19. b) Intervención de segunda instancia.

20. b) La certidumbre.

**Planes de emergencias y dispositivos de riesgo previsibles.
Descripción de riesgos, daño y vulnerabilidad.
Definición del plan de emergencias. Realización del esquema
de la estructura general de un plan de emergencias**

1. ¿A qué se denomina la posibilidad de que una amenaza llegue a afectar a colectivos de personas, bienes y/o ambientales?

a) Vulnerabilidad.
b) Daño.
c) Riesgo.
d) Inseguridad.

2. El riesgo se produce si multiplicamos la vulnerabilidad por:

a) Daño.
b) Intranquilidad.
c) Amenaza.
d) El propio evento.

3. ¿A qué nos referimos con aquella situación en la que personas, bienes y/o medio ambiente están expuestos en mayor o menor medida a un peligro inminente o latente?

a) A un riesgo.
b) A una inseguridad.
c) A una exposición.
d) A una amenaza.

4. ¿En qué tipo de riesgos ubicarías vivir en una zona sísmica (de terremotos frecuentes)?

a) Riesgos naturales.
b) Riesgos tecnológicos.

c) Riesgos antrópicos.
d) Riesgos sociales.

5. ¿Qué factores condicionan los riesgos naturales? ...

a) Los factores geográficos y culturales.
b) Los factores meteorológicos y culturales.
c) Los factores culturales y económicos.
d) Los factores meteorológicos y geográficos.

6. ¿Cuál de estas circunstancias consideras relacionada con riesgos tecnológicos?

a) Corrimientos de tierra.
b) Fugas radiactivas (central nuclear).
c) Volcanes.
d) Tsunamis.

7. ¿A qué riesgos nos referimos si están relacionados directamente por la actividad y el comportamiento del humano?

a) Naturales.
b) Tecnológicos.
c) Antrópicos.
d) Climáticos.

8. ¿Cuál de estas circunstancias consideras relacionada con riesgos antrópicos?

a) Maremotos.
b) Incendios urbanos.
c) Guerras.
d) Lluvias torrenciales.

9. ¿Qué institución se ha creado en España con el fin de contribuir a la anticipación de los riesgos y de facilitar una respuesta eficaz ante cualquier situación que lo precise, sin perjuicio de las competencias de las comunidades autónomas?

a) Comisión Estatal de Riegos y Emergencias.
b) SUMMA 112.
c) Red Nacional de Información sobre Protección Civil.
d) No existe tal Institución.

10. ¿Qué contiene el Mapa Nacional de Riesgos de Protección Civil?

a) Contendrá los catálogos oficiales de actividades que puedan originar una emergencia de protección civil.

b) Contendrá carta o plano, necesaria para identificar las áreas geográficas suscepti- bles de sufrir daños por emergencias o catástrofes.

c) Contendrá el registro informatizado de los planes de protección civil.

d) Nada de lo anterior.

11. Identifica la X de esta ecuación: Daño = X.Intensidad.tiempo

a) Exposición.

b) Intranquilidad.

c) Amenaza.

d) Vulnerabilidad.

12. ¿Cuáles son los daños que se producen durante el suceso, como primer impacto del mismo?

a) Daños patrimoniales.

b) Daños morales.

c) Daños directos.

d) Daños indirectos.

13. ¿Cómo calificarías ante un evento que ocasiona grandes daños, la amputación de un miembro como consecuencia de múltiples traumatismos producidos durante el suceso, que ha obligado a la intervención quirúrgica semanas después del mismo?

a) Daños patrimoniales.

b) Daños directos.

c) Daños indirectos.

d) Ninguno de los anteriores.

14. ¿Cómo se denomina el conjunto de procedimientos a realizar para minimizar o reducir los daños producidos por el impacto de un suceso?

a) Prevención.

b) Demultiplicación.

c) Deflagración.

d) Reajuste.

15. ¿Qué procedimientos de la demultiplicación son aquellas acciones que se realizan de forma preventiva para evitar catástrofes similares?

a) Procedimientos a muy corto plazo.

b) Procedimientos a corto plazo.

c) Procedimientos a mediano plazo.

d) Procedimientos a largo plazo.

16. Todo lo que se dice respecto a la demultiplicación es falso, excepto que:

a) Nunca debe hacerse de forma secuencial.
b) Se realiza antes que se haya producido el daño.
c) El procedimiento debe ser de manera tal que facilite su integración, minimizando la desorganización y orientando las acciones hacia la rehabilitación de los daños.
d) Nunca podremos cortar un efecto dominó de los daños con la demultiplicación.

17. ¿Qué tipo de procedimiento de demultiplicación sería la colocación de albergues en lugares más seguros?

a) Procedimiento a muy corto plazo.
b) Procedimiento a corto plazo.
c) Procedimiento a mediano plazo.
d) Procedimiento a largo plazo.

18. ¿Qué factores de estos no determinan el nivel de vulnerabilidad de una población?

a) Factores de salud y socioeconómicos.
b) Factores de desarrollo de los sistemas de alerta y Planificación de las respuestas.
c) Factores de políticas públicas y dotación de medios de intervención.
d) Determinan el nivel de vulnerabilidad todos los anteriores factores.

19. ¿Quién define el Plan de emergencia como el "Documento que prevé la organización de la respuesta ante situaciones de emergencia clasificadas para el control inicial de las mismas, garantizándose la alarma, la evacuación y el socorro"?

a) Ministerio de Trabajo y Economía Social.
b) Sistema Nacional de Protección Civil.
c) Instituto Nacional de Seguridad e Higiene en el Trabajo (INSHT).
d) Ministerio de Interior.

20. ¿Cada cuánto tiempo debe ser revisado como mínimo el Plan de Autoprotección del Ministerio de Trabajo y Economía Social?

a) Debe ser revisado como mínimo cada semestre.
b) Debe ser revisado como mínimo cada año.
c) Debe ser revisado como mínimo cada tres años.
d) Debe ser revisado como mínimo cada cinco años.

En MADTEST tienes **más preguntas de este tema**, y todos tus avances quedan registrados y se reflejan en el ranking.

¡Supera tus límites con MADTEST!

Solución al test n.º 29

1. c) Riesgo.

2. c) Amenaza.

3. d) A una amenaza.

4. a) Riesgos naturales.

5. d) Los factores meteorológicos y geográficos.

6. b) Fugas radiactivas (central nuclear).

7. c) Antrópicos.

8. c) Guerras.

9. c) Red Nacional de Información sobre Protección Civil.

10. b) Contendrá carta o plano, necesaria para identificar las áreas geográficas suscep-
tibles de sufrir daños por emergencias o catástrofes.

11. d) Vulnerabilidad.

12. c) Daños directos.

13. c) Daños indirectos.

14. b) Demultiplicación.

15. d) Procedimientos a largo plazo.

16. c) El procedimiento debe ser de manera tal que facilite su integración, minimizando la desorganización y orientando las acciones hacia la rehabilitación de los daños.

17. d) Procedimiento a largo plazo.

18. d) Determinan el nivel de vulnerabilidad todos los anteriores factores.

19. a) Ministerio de Trabajo y Economía Social.

20. c) Debe ser revisado como mínimo cada tres años.

TEST N.º 30

Telemedicina aplicada a urgencias y emergencias de la Comunidad de Madrid. Trasmisión de la información entre el SCU y los recursos móviles del SUMMA 112 y resolución de la demanda asistencial. Gestión del trasporte sanitario urgente en ambulancia tipo B y A1 de la Comunidad de Madrid

1. Según la normativa, ¿cuál es la dotación mínima de personal para una ambulancia asistencial de clase B?

a) Un conductor con certificado de profesionalidad de transporte sanitario y, si es necesario, un ayudante con la misma cualificación.

b) Un conductor que esté en posesión del título de Técnico en Emergencias Sanitarias (TES).

c) Un conductor y un ayudante, debiendo ostentar ambos, como mínimo, el título de Técnico en Emergencias Sanitarias.

d) Un conductor con título TES y un profesional de enfermería.

2. ¿Qué tipo de recursos del SUMMA 112 están asignados para trabajar con las tres prioridades de demanda asistencial (Prioridad 0, 1 y 2)?

a) UVI Móvil y SVAE.

b) VIR (Vehículo de Intervención Rápida).

c) Unidades ALFA (tipo A1), DELTA (tipo B) y UAD (Unidad de Atención Domiciliaria).

d) Helicópteros sanitarios y MIR/Alfa Lima.

3. ¿En cuál de las siguientes situaciones una unidad asistencial del SUMMA 112 debe realizar una llamada de voz 'Urgente' al SCU?

a) Para solicitar el apoyo de una unidad de nivel asistencial inferior.

b) Cuando necesita prioridad sobre otras llamadas normales pero la situación no es crítica para la unidad.

c) Cuando la unidad asistencial sufre un accidente de tráfico.

d) Para comunicar la inoperatividad del vehículo por una avería.

4. ¿Qué significa la 'Clave 8' en el sistema de comunicación de estatus del SUMMA 112?

a) Solicitud de apoyo a la intervención.
b) Llegada del recurso a su base operativa.
c) Solicitud de fuerzas de seguridad.
d) Imposibilidad de transmisión por emisora debido a presión social.

5. Durante la movilización de una unidad para un servicio con Prioridad 1 (Urgencia NO Demorable), ¿cómo se deben utilizar las señales del vehículo?

a) Uso obligatorio de señales luminosas y acústicas en todo momento.
b) Uso racional de ambas señales, a discreción del técnico.
c) Uso de las señales luminosas siempre, y de las acústicas cuando sea necesario para garantizar la seguridad y rapidez.
d) No es necesario utilizar señales, ya que no se considera una emergencia.

6. En las fases de transmisión de un incidente desde el SCU, ¿quién es el responsable de realizar la Fase 2, 'Asignación del Recurso'?

a) El médico regulador.
b) El operador de la mesa de enfermería.
c) El Técnico en Emergencias Sanitarias con perfil de Locutor.
d) El sistema informático de forma totalmente automática.

7. Según el procedimiento para el uso del sistema de radio TETRA, ¿cómo se activan generalmente los incidentes en la franja horaria de 00:00 a 07:00 h?

a) Siempre por red abierta para garantizar que todos los recursos escuchen la activación.
b) Por red privada (llamada individual), salvo en caso de un Incidente de Múltiples Víctimas (IMV).
c) Exclusivamente a través de telefonía móvil, ya que la radio no se usa en horario nocturno.
d) Por red abierta para Prioridad 0 y por red privada para Prioridad 1 y 2.

8. ¿Cuál es la definición de una ambulancia de clase A1 según el Real Decreto 836/2012?

a) Ambulancia no asistencial destinada al transporte de pacientes en camilla.
b) Ambulancia no asistencial acondicionada para el transporte colectivo de enfermos.
c) Ambulancia asistencial destinada a proporcionar soporte vital avanzado.
d) Ambulancia asistencial destinada a proporcionar soporte vital básico.

9. ¿Cuál es el canal de comunicación principal que deben utilizar las unidades asistenciales para transmitir los estatus (claves) al SCU?

a) El sistema de radio TETRA por voz en red abierta.
b) La telefonía móvil de la unidad.

c) La Tablet-PC.
d) El teléfono 061.

10. ¿Cuál es el propósito principal de utilizar el código ICAO en las comunicaciones radiotelefónicas del SUMMA 112?

a) Cifrar la información clínica sensible para cumplir con la protección de datos.
b) Garantizar un lenguaje claro, breve, concreto y uniforme para evitar confusiones al deletrear información.
c) Asignar el nivel de prioridad a las llamadas (Normal, Preferente, Urgente).
d) Registrar automáticamente las horas de las claves de intervención.

11. Según la organización del Centro Coordinador del SUMMA 112, ¿cómo se estructura el trabajo de los Técnicos en Emergencias Sanitarias - Locutores para una gestión más adecuada de los recursos e incidentes?

a) Se dividen por tipo de recurso (un grupo para SVA, otro para SVB, etc.).
b) Se organizan según la prioridad de la llamada (un grupo para Prioridad 0, otro para 1 y 2).
c) Se asignan a franjas horarias fijas sin división geográfica, gestionando toda la Comunidad de Madrid.
d) El trabajo se encuentra 'sectorizado' en tres áreas geográficas que parten desde Madrid Capital.

12. De acuerdo con las fases de transmisión de un incidente desde el SCU, ¿cuál de las siguientes acciones es una responsabilidad directa del Técnico en Emergencias Sanitarias con perfil de Locutor?

a) Realizar la propuesta inicial del recurso (Fase 1), que siempre es automática.
b) Realizar la asignación del recurso (Fase 2), buscando y seleccionando la unidad según el tipo y la prioridad.
c) Recibir la llamada del ciudadano y realizar la primera clasificación mediante un árbol lógico de decisión.
d) Validar médicamente la anulación de un recurso solicitada por una agencia externa.

13. En el contexto de un Incidente de Múltiples Víctimas (IMV), se constituye un Equipo Gestor del Incidente (EGI) del que forma parte un TES-Locutor. De acuerdo con las funciones descritas, ¿cuál de las siguientes tareas NO corresponde al TES-Locutor del EGI?

a) Coordinar los recursos asignados al incidente y movilizarlos.
b) Establecer la noria de ambulancias desde el foco hacia los hospitales.
c) Realizar la alerta hospitalaria para informar a los centros receptores sobre la llegada de pacientes críticos.
d) Proponer al Jefe de Dispositivo Sanitario la necesidad de relevos para las unidades intervinientes.

14. Un médico coordinador del SCU determina que un incidente de Prioridad 1 requiere la asignación de un Vehículo de Intervención Rápida (VIR). ¿Quién es el profesional responsable de localizar la unidad más cercana y transmitirle los datos del incidente, y qué herramienta informática específica utiliza para optimizar el criterio de cercanía?

a) El operador, utilizando la aplicación GEMMA-GIS.
b) El Supervisor de Enfermería, utilizando la pantalla de seguimiento de avisos.
c) El Técnico en Emergencias Sanitarias - Locutor, utilizando el programa 'Cercanos'.
d) El Jefe de Guardia, utilizando el sistema de radio TETRA directamente.

15. Durante la gestión de un Incidente de Múltiples Víctimas (IMV), el procedimiento habitual de comunicación cambia y se requiere usar la red en modo abierto. ¿Qué función específica, en relación con la gestión de las comunicaciones, recae sobre el Técnico en Emergencias Sanitarias - Locutor del Equipo Gestor del Incidente (EGI)?

a) Atender las llamadas de los ciudadanos que buscan información sobre el incidente.
b) Gestionar exclusivamente las comunicaciones clínicas con los médicos coordinadores.
c) Indicar el cambio de canales de comunicación para las unidades que estén implicadas en la intervención.
d) Utilizar únicamente la telefonía móvil como sistema redundante para evitar la saturación de la radio.

16. ¿Qué sistema de comunicaciones utiliza el SUMMA 112 para garantizar la cobertura y seguridad en todo el territorio de la Comunidad de Madrid?

a) Red GSM de telefonía móvil.
b) Radio analógica de banda UHF.
c) Red digital TETRA (Terrestrial Trunked Radio).
d) Sistema de interfonía por satélite.

17. ¿Qué tipo de información se transmite a través del sistema GEMMA del SUMMA 112?

a) Mensajes de voz de los operadores a las unidades.
b) Datos de localización, tipo de aviso y estado operativo de las unidades.
c) Imágenes médicas por telemetría.
d) Mensajes de texto entre médicos y enfermeros.

18. ¿Cuál es la función principal del Centro Coordinador del SUMMA 112 (SCU)?

a) Proporcionar atención hospitalaria de urgencias.
b) Gestionar la recepción, clasificación y asignación de recursos ante demandas asistenciales.
c) Organizar las emergencias en el ámbito nacional.
d) Controlar la red de comunicaciones sanitarias europeas.

19. ¿Qué prioridad corresponde a una situación que requiere atención inmediata y uso simultáneo de señales luminosas y acústicas?

a) Prioridad 2.
b) Prioridad 0.
c) Prioridad 1.
d) Prioridad 3.

20. ¿Qué perfil profesional es responsable de asignar el recurso más adecuado a cada incidente en la Fase 2 del proceso?

a) El médico coordinador.
b) El operador de sala.
c) El técnico en emergencias sanitarias con perfil de locutor.
d) El jefe de guardia.

En MADTEST tienes **más preguntas de este tema**, y todos tus avances quedan registrados y se reflejan en el ranking.

¡Supera tus límites con MADTEST!

Solución al test n.º 30

1. c) Un conductor y un ayudante, debiendo ostentar ambos, como mínimo, el título de Técnico en Emergencias Sanitarias.

2. c) Unidades ALFA (tipo A1), DELTA (tipo B) y UAD (Unidad de Atención Domiciliaria).

3. c) Cuando la unidad asistencial sufre un accidente de tráfico.

4. d) Imposibilidad de transmisión por emisora debido a presión social.

5. c) Uso de las señales luminosas siempre, y de las acústicas cuando sea necesario para garantizar la seguridad y rapidez.

6. c) El Técnico en Emergencias Sanitarias con perfil de Locutor.

7. b) Por red privada (llamada individual), salvo en caso de un Incidente de Múltiples Víctimas (IMV).

8. a) Ambulancia no asistencial destinada al transporte de pacientes en camilla.

9. c) La Tablet-PC.

10. b) Garantizar un lenguaje claro, breve, concreto y uniforme para evitar confusiones al deletrear información.

11. d) El trabajo se encuentra 'sectorizado' en tres áreas geográficas que parten desde Madrid Capital.

12. b) Realizar la asignación del recurso (Fase 2), buscando y seleccionando la unidad según el tipo y la prioridad.

13. c) Realizar la alerta hospitalaria para informar a los centros receptores sobre la llegada de pacientes críticos.

14. c) El Técnico en Emergencias Sanitarias - Locutor, utilizando el programa 'Cercanos'.

15. c) Indicar el cambio de canales de comunicación para las unidades que estén implicadas en la intervención.

16. c) Red digital TETRA (Terrestrial Trunked Radio).

17. b) Datos de localización, tipo de aviso y estado operativo de las unidades.

18. b) Gestionar la recepción, clasificación y asignación de recursos ante demandas asistenciales.

19. b) Prioridad 0.

20. c) El técnico en emergencias sanitarias con perfil de locutor.

Cómo acceder al Curso

Técnico en Emergencias Sanitarias
Test del temario

El uso de los códigos **es exclusivo de los compradores de los productos de Editorial MAD**. Cada producto posee un código único y de un solo uso. Es personal e intransferible y da acceso a servicios y contenidos adicionales. Editorial MAD se reserva el derecho de hacer cuantas comprobaciones sean necesarias para identificar al legítimo poseedor del código y dejar de dar servicio a quien haga uso fraudulento del mismo, además de emprender cuantas acciones legales estime oportunas según la legislación vigente.

Deberás acceder a:

mad.es/registro-campus

Si una vez aceptadas las condiciones de uso del Campus decides hacer uso del mismo, necesitarás del siguiente código de acceso junto con los códigos del resto de títulos que se exigen (si fuera el caso):

SWLE8KPC3A